「しがらみ」を科学する

高校生からの社会心理学入門

山岸俊男 Yamagishi Toshio

★――ちくまプリマー新書
169

はじめに

「社会に出るのが何となく不安だ。」

そう思っている高校生や大学生はたくさんいるのではないでしょうか。ぼくはこの本を、そういった人たちに読んでもらいたいなと思っています。社会を理解できれば、不安にならなくてすむはずだと思うからです。この本は、「社会」を理解する筋道について書いた本なのです。

この本の内容を一言でいえば、社会とは「しがらみ」だということです。「しがらみ」と言っても、今の若い人にはピンとこないかもしれませんね。「空気が読めない」とか「KY」という言葉で若い人たちが表現していることも、大人が「しがらみ」という言葉で表現していることも、結局は同じことです。自分の考えや行動に対するまわりの人たちの反応を予測して、その予測に自分の行動を合わせる必要があるということです。

「社会に出るのが不安だ」というのは、こうした「空気」や「しがらみ」をどうしたらうまく読みとり、その場で適切な行動を取ることができるかわからないということなのだと思います。学校の友達のあいだでさえKYと言われたり、「しかと」されないように気を配るのに苦労しているのに、「社会」に出るともっと大変そうだと思えますね。だから、自分にそんなことができるだろうかと不安になってしまう。

もちろん、高校生や大学生だからといって、誰もが社会に出ることに不安を感じているわけではありません。多くの人は、まわりが自分に何を求めているのか、まわりに合わせるためにどうすればいいのかを、何の苦労もなく直感的に理解できます。幸せな人たちですね。そういった人たちは、「空気」や「しがらみ」をうまく読みとって、「社会」を楽々と渡っていきます。

だけど、そうしたことが不得意な人たちもたくさんいます。そうした人たちはただでさえ苦労しているのに、「共感性」がないということで、まわりから人間的に劣っていると決めつけられ、ますます大変な目にあっています。

世の中には背の高い人もいれば低い人もいる。運動が得意な人もいれば苦手な人もいる。それと同じように、まわりの空気を読むのが得意な人もいれば苦手な人もいる。だけど、運動が苦手な人が道徳的に劣った人間だと決めつけられることはないのに、まわりの人の気持ちを読むのが苦手な人は、劣った人間だと決めつけられてしまうんですね。ちょっとひどいと思いませんか?

そうやって決めつけられてしまうと、まわりの人たちと一緒にいるのが苦痛になり、自分一人の世界にひきこもってしまいたくなる。だけど、そういう人たちに聞いてほしいことがあります。直感的に人の気持ちや空気を読むのが苦手なら、筋道立てて社会を理解すればいいということです。社会には何もミステリアスなことはないんだよ、ちゃんと考えれば理解できるんだよ、ということです。

世の中の大人たちは、「そんなことは社会では通用しないよ」と説教しながら、なぜ通用しないのかとたずねられると、「社会は理屈では割り切れない」などと言ってちゃんと説明してくれません。だから、どうしたらいいのか分からなくなってしまいます。どうしたらいいのかわからないので、安全な場所にひきこもってしまう。

だけど、そんなに不安に思う必要はありません。社会だって、論理的に説明したり科学的に分析することができるのだから。そうなれば、「世の中は理屈では割り切れない」などと説教されてますます不安に思う必要がなくなるはずです。ということをこの本で書こうと思っています。

もちろん、すでに社会に出ている「社会人」の方々にも読んでいただければ、とてもうれしいのですが。

目次 ＊ Contents

本文イラスト　大塚砂織

第1章　ジントニックと凶悪犯罪――「心でっかち」のワナ

第1章のタイトルを見た人は、ジントニックと犯罪と、いったいどんな関係があるんだろうと思うかもしれませんね？　アルコールを飲むと犯罪に走りやすくなるってことなんだろうか、って？

読者のみなさんも、ちょっと不思議に思っているんじゃないだろうか。

実はこの二つは、大学でぼくが社会心理学の講義を始めるにあたって最初にする話なんです。なぜそんな話をするのかというと、社会について考えるときに一番気をつけないといけないことを理解するのに、この二つがとても役に立つからなんです。

まあ詳しい話は後回しにして、まず、簡単なクイズをやってみましょう。最初は、ジントニックのクイズです。

◆ジントニックのクイズ

読者のみなさんの多くは、まだお酒を飲むことを許されていない未成年ですね。だから、ジントニックといってもよく分からないかもしれないけど、ジントニックというのはカクテルの一種で、ジンという強いお酒を、トニックウォーターという炭酸水の一種で割った飲み物です。本物のトニックウォーターにはマラリアに効くキニーネという薬物が入っていて、マラリアが流行している熱帯の植民地で一種の予防薬として飲まれたのが始まりのようです。ただ日本ではキニーネを使ってはいけないことになっているので、代用物を使ったトニックウォーターが売られています。

お店でジントニックをたのむと、たいてい、グラスのはしにライムがのっています。いい加減な店だとライムじゃなくてレモンがのってたりするけど、ライムの方がよくあうと思う。ジントニックはぼくも大好きで、よく飲みますね。

さて、ここに二つのコップがあります。左側のコップにはジンが入っています。同じ大きさの右側のコップにはトニックウォーターが入っています。左側のコップに入っているジンの量と、右側に入っているトニックウォーターの量は全く同じです（15ページ①）。

そこで、左のコップからスプーン一杯のジンをすくい出して（②）、右のコップにそそぎます（③）。

そして少しジンの混じった右側のコップの中身をよくかき回して、今度は、ジンが少し混じった右のコップから、同じスプーン一杯のジン＋トニックウォーターをすくって、左側のコップにそそぎます（④）。

こうすると、左側のコップにはジンに少しトニックウォーターが混じることになり、右側のコップには、トニックウォーターにジンが少しだけ混じることになります。

さて、ここで問題です！

左側のコップに入っているトニックウォーターと、右側のコップに入っているジンでは、どちらが多いでしょう？

「こんな馬鹿らしいクイズの答えを考えることと、社会について考えることと、いったいどんな関係があるんだよ！」などと怒らないで、ちょっと考えてみてください。

実はこのクイズは、二〇〇五年にノーベル経済学賞をもらったトーマス・シェリング博士というとても偉い先生が、講演の中で使っているクイズなんですよ。

さて、読者のみなさんは答えが出たでしょうか？

あまり急がないで、まず自分で答えを考えてから、次を読んでください。

左のコップに入っているトニックウォーターの方が、右のコップに入っているジンの量よりも多いと思った人、手を挙げてください。

それじゃあ、右のコップに入っているジンの方が、左のコップに入っているトニックウォーターの量よりも多いと思った人、手を挙げてください。

じゃあ、どちらも同じ量だけ入っていると思った人、手を挙げてください。

ぼくは授業でこのクイズをするときには、こうやって学生のみんなに手を挙げてもらって、どうしてそう思ったかをたずねることにしているんです。みなさんも、どうしてそう思ったかを考えてみてください。

さあ、みなさんは答えを思いつきましたか？

①
ジンが入っている
トニックウォーターが入っている
②
ジンが入っている
トニックウォーターが入っている
③
ジンが入っている
トニックウォーターが入っている
④
ジンが入っている
トニックウォーターが入っている

◆計算式で解こうとすると……

実は、このクイズに対する正解は、最後の、どちらも同じ量だけ入っているというものです。当たっていましたか？

自分の答えが正しかった読者は、どうしてそう思ったのでしょう？

ぼくはこれまで、授業の最初にこのクイズを学生たちにやってもらいました。すぐに正解を思いつく学生も中にはいますが、ほとんどの学生はなかなか答えを見つけることができません。だから、答えがすぐに見つからなかった読者も、がっかりしないでください。

それじゃあ、なぜ答えがなかなか見つからないんでしょう？　その理由は、多分こういうことだと思うんですね。

このクイズに多くの人たちがひっかかって、なかなか正解にたどりつかないのは、スプーンの中に入っているジンとトニックウォーターの量の比較にこだわってしまうからなんです。

つまり、右側のコップからすくったスプーンの中にどれだけのトニックウォーターとジンが含まれているかを計算しようとするからです。たとえば、こういう具合です。(以下の説明が面倒だと思う読者は、説明を読み飛ばしてください。面倒そうだなということさえ理解していただければ、それで十分です。)

まず、それぞれのコップに最初から入っているジンとトニックウォーターの量をそれぞれXとします。そしてスプーンに入る液体の量をYとします。

最初に、スプーン一杯のジンを右側のコップに移すと、$X+Y$のジントニックができます。

このジントニックの中でのジンの比率は、コップの中のジンの量を全体の量で割った割合、つまり$Y/(X+Y)$になります。

次に、このジントニックをスプーンですくうと、$X/(X+Y)$の割合でトニックウォーターが入っているので、それにスプーンの大きさYをかけた$XY/(X+Y)$が左側のコップに移動します。また、そのスプーンの中には$Y^2/(X+Y)$のジンが入っているので、右側のコップに残っているジンの量は$Y-Y^2/(X+Y)$となります。

さて、答えに近づいてきました。左側のコップに移動したトニックウォーターの量は $XY/(X+Y)$ です。右側のコップに残っているジンの量は、$Y-Y^2/(X+Y)$ です。このどちらが大きいかを調べてみればいいわけですね。

そこで、左側のコップにあるトニックウォーターの量 $XY/(X+Y)$ から、右側のコップにあるジンの量 $Y-Y^2/(X+Y)$ を引くと、

$$XY/(X+Y)-\{Y-Y^2/(X+Y)\}$$
$$=\{XY-Y(X+Y)+Y^2\}/(X+Y)$$
$$=(XY-XY-Y^2+Y^2)/(X+Y)=0/(X+Y)=0$$

となって、左側のコップに入っているトニックウォーターの量は、右側のコップに入っているジンの量と同じだということが分かるんですね。

面倒な計算につき合わせてごめんなさい。計算の過程を全部たどらなくてもかまいません。読者のみなさんに理解してもらいたいのは、こうしたやり方でクイズの正解にたどり着くためには、けっこう面倒な計算をしないといけないということだけです。だから、正解にたどりつくまでに時間がかかります。どこかで計算間違いをすると、正解に

たどりつくことができません。暗算ですぐに答えを出すことも難しいし。

そのことだけ分かってもらえれば十分です。

だけど、実は、このクイズはそんな面倒な計算をしなくても、とても簡単に解けるんですよ。次のように考えれば、一瞬のうちに解けます。

◆全体に目を向ければ一瞬で解ける

まず最初に二つのコップがあります。どちらにも同じ量（X）の液体が入っています。スプーンで液体の一部を入れ替えました。この入れ替えを行った後でも、それぞれのコップに入っている液体の量は同じXのままです。最初にスプーン一杯のジンを右側のコップに移動し、次に、同じ量のジントニックを左側のコップに移動したわけですから、それぞれのコップに入っている液体の総量は、入れ替え前と後で同じはずです。

さて、ここで重要なのは、ジンとトニックウォーターを入れ替えた後でも、二つのコップに入っている液体の総量は同じだということです。どちらにもXの液体が入っていますね。

ということは、右側のコップに移動したジンの量と同じ量のトニックウォーターが、左側のコップに移動しているはずじゃないですか。そうでなければ、二つのコップに入っている液体の量が同じでなくなってしまうはずだから。

こう考えると、このクイズは、面倒な計算なんてする必要がない、とても簡単なクイズだということが分かります。それなのにほとんどの人は、スプーンに入っているジンとトニックウォーターの量にこだわって複雑な計算を始めてしまうので、正解にたどりつくのに時間がかかるし、途中で嫌になって正解にたどりつけなくなってしまうんですね。

ノーベル経済学賞をもらったシェリング博士が講演でこのクイズを使ったのは、このクイズが、講演を聞いている人たちに理解してほしいと願っている一番大切なことに直接関係しているからです。

その大切なことっていうのは、スプーンの中に入っているジンとトニックウォーターの量にとらわれてしまうと、全体が見えなくなってしまうってこと。つまり二つのコップに入っている液体の量はジンとトニックウォーターを入れ替える前も後も同じだということに注目すればすぐに分かることを、スプーンの中身がどうなっているかにとらわれると分からなくなる。そのことを、聴衆の人たちに理解してもらうためだったんですね。

ぼくがシェリング博士のクイズを借りてきたのも、実は、読者のみなさんに同じことを理解してもらいたかったからです。

社会で起きているさまざまなできごとを理解しようとするときにも、一人ひとりの人間が考えていることとか感じていることにとらわれてしまうと、社会全体で起きていることの本質に目が行かなくなってしまって、全体を見ればすぐに分かる現象が理解できなくなってしまうことがある。

ただ、このことを理解するためには、もう少しいろんなことを考えないといけないので、あまり先を急がないことにしましょう。

というわけで、もうひとつ別のクイズを考えてみてください。スキー場のクイズです。

◆スキー場のクイズ

次のクイズも、シェリング博士の講演集から引っ張り出してきたクイズです。

あるスキー場を思い浮かべてください。このスキー場にはリフトが一本しかありません。それで、休日になってスキー客が増えると、リフト待ちの行列ができてしまいます。あまり行列が長くなると、そのうちにスキー客から苦情が出てきます。「もっとリフトのスピードをあげりゃいいじゃないか」という苦情です。そこでスキー場の経営者は苦情にこたえて、リフトのスピードを二倍にすることにしました。

しかし、リフトのスピードを上げるとリフトの乗り降りが危険になるので、そうした危険を避けるために、チェアの間隔も二倍に広げることにしました。

ここでクイズです。

この結果、このスキー場のリフト待ちの行列は短くなったでしょうか？　それとも逆に、長くなってしまったでしょうか？　あるいは、行列の長さは変わらないままだったでしょうか？

問題を単純にするために、このスキー場にはリフトが一本しかなく、しばらくの間はスキー場からの出入りや、休憩したり休憩から戻ったりするスキー客はいないものとします。

読者のみなさんも、自分で考えてみてください。リフトのスピードを二倍にして、そのかわりにリフトの間隔を二倍にすると、リフト待ちの行列は短くなるでしょうか？　長くなるでしょうか？　それとも今までと変わらないでしょうか？　というのが問題です。

読者のみなさんはもう気づいていると思いますが、このクイズも、全体を見れば簡単に解ける問題なのに、全体を見る癖がついていない人にとっては難しい問題なんですね。

◆これも全体を見れば簡単

実は、正解は「長くなる」なんです。

「えー、どうして？」って思っている人も多いんじゃないでしょうか？

それじゃあ、種明かしをします。

まずこのスキー場全体について考えてみます。このスキー場にいるスキー客は、次の三つのグループのどれかに分けることができますね。スロープの上にいる人（スロープの脇で休憩している人も含めて、リフトを降りてからリフト待ちの行列に加わるまでのすべての人を含めます）、リフトに乗っている人、そしてリフト待ちの行列に加わっている人の三つのグループです。食事をしにレストランに入っている人など、それ以外の人はいないことにします。

それでは、リフトのスピードを二倍にして、同時にリフトの間隔を二倍にすると、この三つのグループにどんな変化が生まれるかを考えてみましょう。

一番はっきりしているのは、リフトに乗っている人の数が半分になるということです。リフトの間隔を二倍にしたわけだから、ある瞬間にリフトに乗っている人の数が半分になることは、簡単に理解できますね。

次に、スロープの上にいる人の数はどうでしょう。スロープの上にいる人の数は、全体をならして考えると、単位時間あたりにリフトからどれだけの人が吐き出されてくるかによって決まります。たとえばリフトから十秒に一人の割合で人が降りてくれれば、スロープを滑っている人の間隔は、一人の人が十秒間にすべる距離になります。もちろんこれは平均してということです。

ということは、リフトのてっぺんから降りてくるスキー客の時間間隔が変わらなければ、スロープの上にいるスキー客の人数も変わりません。リフトのスピードを二倍にしても間隔を倍にすれば、リフトから降りてくるスキー客の時間間隔は変わらないままです。だから、スロープを滑っているスキー客の間隔は変わらず、だからスロープにいるスキー客の人数も変化しません。

それでは行列はどうなるでしょう?

これまでにまず、リフトに乗っている人数は半分になったということが分かっています。そうすると、リフトに乗っている人数が減った分はスロープの上か、リフト待ちの行列の中に移動しなければいけないわけですが(そうでなければ、全体の人数が減ってしまいます)、スロープの上にいる人数に変化がないことも、すでに分かっています。

ということは、リフトに乗っている人数の減少分は、リフト待ちの行列に移動しているはずですね。これがクイズの正解です。つまり、リフトのスピードを二倍にしてチェアの間隔も二倍にすると、リフト待ちの行列は長くなってしまうんです。

このクイズに正しく答えるためには、スキー場全体にいるスキー客の人数が、リフトのスピードと間隔を変えても変化しないことを理解しておく必要があるので、全体に目を向けないと解きにくい問題だという点では、ジントニックのクイズと同じです。

ちなみに、チェアの間隔をそのままにして、スピードだけを二倍にするとどうなるでしょう？　この場合にはリフトのてっぺんから降りてくるスキー客の時間間隔が半分になって、そのため一定の時間に滑り始めるスキー客の数が二倍になります。だから、スロープにいる人数も少なくとも二倍になります。（スロープが混雑すると滑る平均速度が遅くなるので、スロープの上にいる人数はもっと増えることになるでしょう。）

そのときチェアの間隔は同じままなので、リフトに乗っている人数は変わりません。だから、スロープにいる人数が増えた分だけ、リフト待ちの行列の人数は少なくなるはずですね。

つまり、チェアの間隔を変えないでスピードを二倍にすれば、スロープの混雑は増えることになるけれど、リフトに乗るために行列で待っている時間は減ります。どちらがいいかは、スキー客の好みによるでしょう。

◆離婚が減った理由

マスコミなんかで芸能人の離婚が報道されたりすると、日本人の離婚率が増えているような気になりますすね。だけど、ちょっと不思議に思うかもしれないけど、最近になって離婚率は低下しているんですよ。

具体的にいえば、最近の離婚率のピークは二〇〇二年で、人口千人当たりの年間離婚数は二・三〇でした。それが、二〇〇九年になると一・九九にまで減少しているんです。だから、二〇〇二年から〇九年までの七年間に離婚率はだいたい一三%くらい減っているんです。

実は、明治になってちゃんと統計がとられるようになってから第二次世界大戦がはじまるまで、日本の離婚率は一貫して下がり続けてきました。明治一六年（一八八三年）の離婚率は人口千人当たり三・三八だったのが、明治の終わりの一九一一年になると一・一六にまで下がって、大正の終わりの一九二六年になると〇・八三になり、戦前の

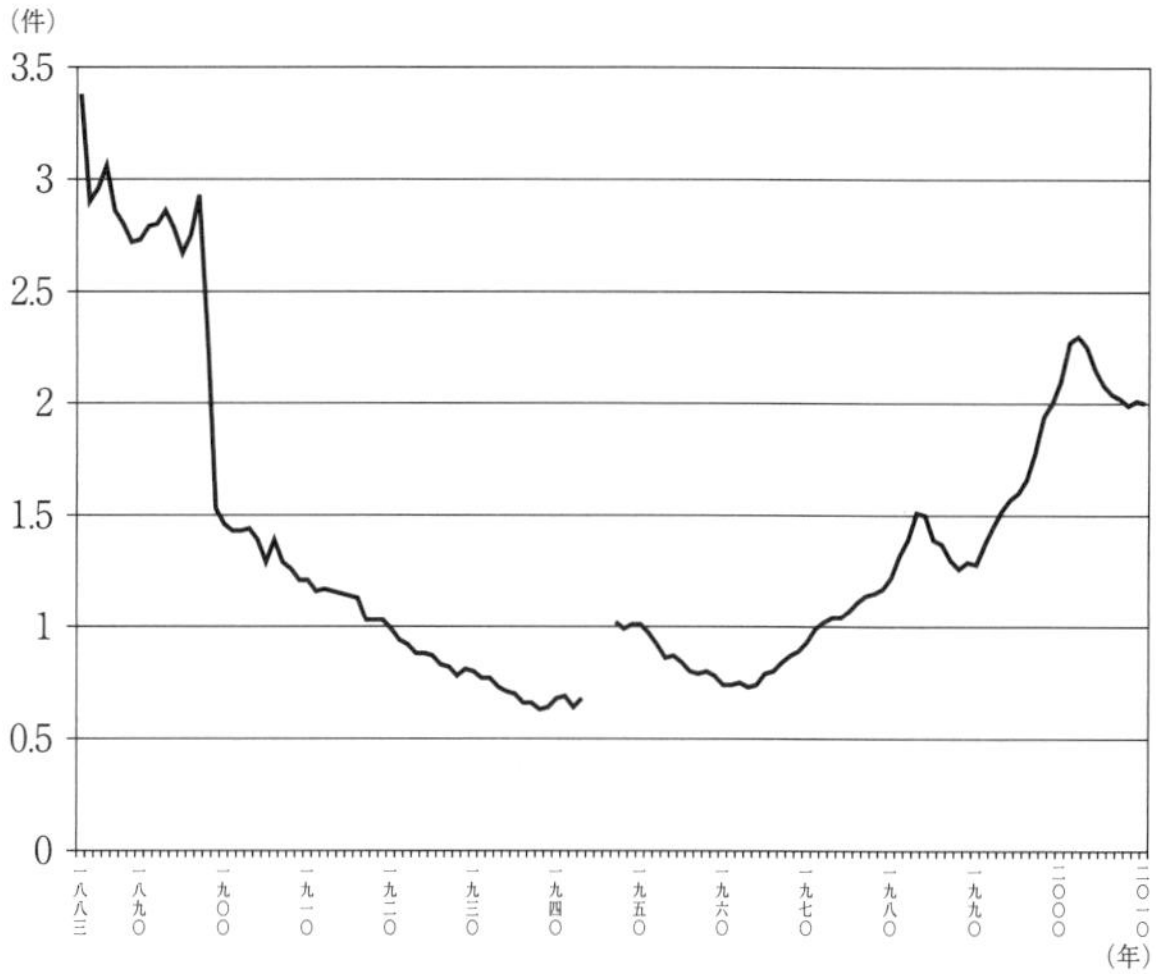

図 1-1　1883 ~ 2010 年までの人口千人当たりの年間離婚数
（厚生労働省　平成 22 年『人口動態統計』より。ただし、1944 ~ 6 年は統計が存在しないため、空白にしてある。）

一九三八年に最も低い〇・六三になります。その後、多少の増減を繰り返しながら、高度成長期の一九六五年になるまでは〇・七から〇・八程度にとどまっていました。

　離婚率が本格的に増え始めたのは、実はそのころからで、オイルショックとともに高度成長が終わった一九七三年に離婚率は一・〇四にまで増え、バブル経済が始まる直前の一九八三年には離婚率は一・五一とピークに達します。

　ところが、おもしろいことに、バブル経済に日本中が沸きかえっていた一九八〇年代の後半には、離婚率が一・二六（一九八八年）にまで下がって、バブルがはじけた一九九〇年でも一・二八と低いままでした。一九八三年の一・五一から一九八八年の一・二六まで、一九八〇年代のバブル経済とともに、日本人全体の離婚率は一七％ほど低下したんですね。

それが、バブル崩壊後の「失われた一〇年」の間に離婚率は急速に増加し、二〇〇二年には二・三〇と再びピークを迎えます。そしてその後は、最初に言ったように、現在に至るまで低下傾向を見せています。

こうした離婚率減少の原因についてはいろいろ議論されているんだけど、ここでみんなに考えてもらいたい問題（これは単純な答えのあるクイズの域を越えていると思うので、クイズではなく問題と呼ぶことにします）は、戦後の日本で二度にわたって離婚率が低下したのはなぜかという問題です。

まず、一九八〇年代後半の離婚率低下について考えてみよう。一九八三年のピークから八八年にかけて、日本全体での離婚率が一七％ほど低下しているんだけど、どうしてそんなに離婚率が減ったんだろう？

ここで読者のみなさんにお願いがあります。この先を読み続ける前に、まず、この質問に対する自分なりの説明を考えてみてください。

ぼくはこれまで何度も授業や講演で、学生や聴衆の方々にこの質問をしてみました。その結果、多くの場合、次のような答えが返ってきました。

①戦後生まれの民主的な教育を受けた世代が結婚をするようになるにつれて家庭内での夫婦の関係が平等に近くなり、夫婦の仲が良くなってきたためである。つまり、夫が家庭を重視するようになったり、家事の分担をするようになってきたため妻の不満が減って、そのために離婚が少なくなったという説明です。これを「夫婦仲良し説」と呼ぶことにします。

②離婚しそうなカップルが、そもそも結婚しなくなったためである。一九八〇年代になると、「結婚しないかもしれない症候群」という言葉が流行語になったりして、それまで一般的だった結婚適齢期という考え方が弱くなり、結婚しなければいけないというまわりからの圧力が減ってきた。そのため、それまではまわりの圧力に負けていや

いや結婚していた女性が、そもそも結婚しなくなった。そのため、実際に結婚している女性の中では、自分から進んで結婚した女性が大半を占めることになって離婚率が低下したという説明です。これを、「女性の自立説」と呼ぶことにします。

③一九八〇年代の後半はバブル経済のおかげで好景気が続いたため、経済的な問題にもとづく家庭内での不和やけんかが減り、その結果として離婚も少なくなったためであるという説明。これを、「バブル好況説」と呼ぶことにします。

読者のみなさんは、どんな説明を考えたでしょう?

これ以外の説明もあるとは思いますが、ここではとりあえず、この三つの説明がどの程度もっともらしいかを考えてみます。

まずは、「夫婦仲良し説」ですが、この説では、一九八〇年代に入ってからの離婚率の減少は説明できるかもしれないけど、その後の変化が説明できないですね。なぜ一九九〇年代になると離婚率が再び上昇をはじめたのかが説明できない。無理に説明しようとすると、一九九〇年代になると夫婦の仲が悪くなってきたということになるんだけど、なぜそうなったのかが説明できない。だから、この説は却下することにします。

同じように、「女性の自立説」も、なぜ一九九〇年代に入って離婚率が再び上昇に転じたのかを説明できません。一九九〇年代に入ると女性が保守化して、結婚しないといけないというまわりからの圧力に従っていやいや結婚するようになったとは思えないですね。だから、この説も却下です。

それでは、「バブル好況説」はどうでしょう？　バブルの間は離婚が減って、バブルがはじけて不況になると離婚が増えるということで、とりあえずもっともそうですね。長期的な景気回復が続いた二〇〇〇年代にも離婚率は下がっているので、好況期には経済的な理由による家庭の不和が少なくなるので離婚も減るという説明は、ますますもっともらしく思えます。

さあ、読者のみなさんはどう思いますか？　一九八〇年代の後半に離婚率が下がったのは、バブル経済のおかげで日本中が豊かな気分になって、経済的な問題による夫婦間の不和が減ったからでしょうか？

◆団塊世代が年を取った

ところが実際には、そうじゃないんですよ。実は、もう読者のみなさんは気がついているかもしれませんが、一番もっともそうな「バブル好況説」を含めて、実際にはこれらの三つの説明はすべて正しくないんです。

どうしてそんなことが分かるのか、って？

その理由は、一九八〇年代の後半に日本人全体の離婚率、つまり日本人千人当たりの離婚数は減っているんだけど、だからといって、日本人が離婚しなくなったわけじゃないからです。

「何を言ってるんだか分からない！」って？

もう少し正確に言わないと分からないですね。日本人全体にはいろんな人がいて、結婚している人もしていない人も含まれているということがまず重要なことです。それから、もっと重要なのは、離婚しやすさは結婚してからの年数で違ってくるということ。離婚しやすいのはだいたい結婚してから五年くらいまでの夫婦だから、一九八〇年代だと三〇代の前半が「離婚適齢期」ということになる。この離婚適齢期の人たちが日本人全体の中で多数を占めていれば、日本人全体の離婚率も高くなってしまう。逆に、離婚適齢期の人たちが少なくなると日本人全体の離婚率が低くなる。

だから、一九八〇年代に日本人全体の離婚率、つまり日本人千人当たりの離婚数が減ったのは、一九八〇年代の前半と終わりでは離婚適齢期の人数が変わってしまったからだ、という可能性があるんだよ。具体的には、一九八〇年代の前半には団塊の世代が離婚適齢期にあったんだけど、一九八〇年代の終わりになると団塊の世代が離婚適齢期をすぎて、あまり離婚しなくなったという可能性です。

団塊の世代というのは、一九四七年から五一年にかけて生まれた人たちで、ほかの世代の人たちに比べて人数が多いのが特徴なんだ。ピークの一九四九年に日本で生まれた子どもの数はほぼ二七〇万人で、直前の一九四五年の一九〇万人に比べて四割くらい多い。これが、団塊の世代の十年後に生まれた子どもたちでは一六〇万人くらいに減ってしまう。ほかの世代に比べると、圧倒的に人数が多い世代なんだ。

だから、団塊の世代がまだ三〇代の前半だった一九八〇年代前半には、このような離婚しがちな三〇代前半までのカップルが人口全体の中で占める割合が高かった。そのため、日本全体での離婚率も比較的高くなってしまったというわけです。だけど一九八〇年代も終わりに近づくと団塊の世代も四〇近くになって落ち着いてくる。だからあまり離婚もしなくなる。だから、日本全体の離婚率を比べると、一九八〇年代の間に低下するという結果になった。

もしこの説明が正しいとすれば、一九八三年と一九八八年のそれぞれで同じ年齢の人たちの離婚率を比べると、離婚率は減っていないかもしれない。

実際、少し時期がずれるけど、一九八〇年と一九九〇年の年齢別の離婚率を比べてみると、どの年齢層を比べても、一九八〇年から一九九〇年にかけて離婚率が上昇しているんですね。たとえば二〇歳から二四歳の妻の離婚率は一九八〇年に千人当たり二・三二人だったのが一九九〇年には四・二五人に増えているし、二五歳から二九歳の妻の場合には、一・〇三人から二・二四人に増えている。三〇歳から三四歳の妻の場合にも〇・五八人から一・三六人に増えているし、三五歳から三九歳の場合にも〇・四二人から〇・八六人に増えているといったふうに、どの年齢層をとっても離婚率は増えてるんです。つまり、同じ年齢の人たちを比べると、一九八〇年代の後半に離婚率は増えているんだ。「バブル好況説」が正しいとすれば、同じ年齢の人たちを比べても離婚率が減ってるはずなのに、ね。

というわけで、一九八〇年代の後半には同じ年齢の人たちの間では離婚率が増えているのに、日本全体の離婚率は減ってしまったんだよ。たとえば、一九八〇年に三〇歳だった人たちとくらべて、一九九〇年に三〇歳だった人たちの方が離婚をしやすくなったわけじゃあないんだ。

だから、好況が続いたので家庭内の不和が減って離婚しようと思わなくなったという説明は間違いだということが分かるよね。

ちょっと難しかったかもしれないね。一九八〇年代の日本には、離婚しやすい年代の人たちがたくさんいた。だから日本全体の人口千人当たりの離婚数が多かった。それが一九八〇年代も終わりになると、そうした団塊の世代の人たちが年を取って離婚をしなくなってきた。だから、たとえば三〇代の前半の人どうしを比べると一九八〇年代の初めよりは終わりの方が離婚率が高いんだけど、日本中にたくさんいる人たちが三〇代の前半から四〇前後になってしまったので、全体としての離婚数が減ったということなんだよ。

二〇〇〇年代になって離婚率が減っているのも、同じような理由からだと思う。実は、二〇〇〇年代の初めごろは、団塊ジュニアと呼ばれる団塊世代の子どもたちの世代が、ちょうど離婚しやすい年ごろだったんだ。団塊ジュニアのピークは一九七一年から七三年生まれの人たちで、毎年二〇〇万人以上の子どもたちが生まれていたんだ。それが十年後になると一五〇万人を割り込んでしまう。だから、「離婚適齢期」の団塊ジュニアが年を取るにつれて、日本全体の離婚率も減少することになったんだと考えられます。

◆「心でっかち」の落とし穴

離婚の話はちょっと難しかったかな？　だけど、この離婚の話は、ぼくたちが社会について考えるときに気をつけないといけない、危険な落とし穴について教えてくれているんだと思う。

その落とし穴というのは、社会で起こっているいろんな社会現象は、結局は一人ひとりの心が生み出してしまっているんだと考えてしまいがちだということ。たとえば日本で離婚が増えたというと、みんなが離婚をしたがるようになったと考える。離婚が減ったというと、離婚したいと思う人たちが減ってきたんだと考えてしまう。

だから、「なぜ離婚率が増えたのか?」とか、「なぜ離婚率が減少したのか?」という問いは、結局、「なぜ人々が離婚を望むようになったのか?」とか、「なぜ人々は離婚したいと思わなくなったのか?」という問いと同じなんだと思ってしまう。

たぶん読者のみなさんは、こう言われても、何を言われているのかすぐには分からないんじゃないだろうか?

この違いが分かりにくいというのは、「なぜ離婚率が減少したのか?」という問いと、「なぜ人々が離婚したがらないようになったのか?」という問いが、まったく同じ問いだと思い込んでしまっているからなんですね。

離婚率の減少について授業や講演で学生や聴衆のみなさんに「なぜ一九八〇年代の後半に離婚率が減少したんだと思いますか?」とたずねたときに返ってきた三つの答え、つまり「夫婦仲良し説」、「女性の自立説」、「バブル好況説」は、実はすべて、「なぜ離婚率が減少したのか？」という問いに対する答えというよりは、「なぜ人々は離婚したがらないようになったのか？」という問いに対する答えなんです。気がついていましたか？「なぜ離婚率が減少したのか？」とたずねられると、まず離婚率が減少したという社会現象を、自動的に、「人々が離婚したがらなくなった」というふうに置き換えてしまう。そのうえで、「なぜ人々が離婚したがらなくなったのか」というふうに、質問そのものを自動的に置き換えてしまう。

ぼくたちはつい、「離婚率の減少」という社会現象を、「人々が離婚をしたがらなくなった」という一人ひとりの考え方や気持ちの変化に置き換えてしまうんだ。そして、そういうふうに問いを置き換えてしまっていることに気がついていないんだよね。

この本を書き始めるにあたって、まずジントニックのクイズをみなさんにやってもらったのは、スプーンに気を取られると、全体に目が向かなくなってしまうということを理解してもらいたいと思ったからです。それと同じように、離婚率の話をしたのは、離婚率を一人ひとりの気持ちの問題として考えてしまうと、社会全体に起こっていることに目が向かなくなってしまうということを理解してほしかったからなんです。

ぼくは社会現象について、一人ひとりの心に原因があると考える直感的な理解を、「心でっかち」な考え方と呼んでいます。いろんな社会現象を理解するために、とりあえずすべてを心の問題として置き換えるところから出発して、なぜそんな心の問題が生まれたんだろうと考えるやり方です。

「心でっかち」というのは、「頭でっかち」という言葉をもとにしてぼくが作った言葉です。「頭でっかち」というのは、現実を無視した理論や思い込みで現実を理解しようとする人のことですね。身体に代表される具体的な経験と、頭に代表される抽象的な現実理解との間にバランスがとれていなくて、現実を無視した「理論」だけで現実を理解しようとする人が「頭でっかち」な人です。現場を知らないまま理論を振り回す学者先生というのが、頭でっかちの典型的なイメージでしょう。

そうした「頭でっかち」な人たちの意見に従うととんでもない目にあってしまうということは、誰でもよく知っています。だから、頭でっかちな学者先生の言うことを、現場の人たちはそのまま鵜呑《うの》みにしようとはしないですね。ということで、「頭でっかち」な学者先生が何を言っても、それほど困った結果を生みだすことはないんですね。

だけど、「心でっかち」となると話は違ってきます。「心でっかち」の弊害には、あまり多くの人が気づいていないからです。というより、「心でっかち」なる現象が存在することそのものに、私たちはほとんど気づいていません。

「心でっかち」というのは、一人ひとりの気持ちや考え方である「心」がすべての原因だと考えることで、心と現実との間のバランスがとれなくなってしまっている状態です。心の持ち方さえ変えればすべての問題が解決すると考える「精神主義」がその極端な例で、その結果、竹やりで戦車に立ち向かうなどといったとんでもない結果を生み出してしまいます。

ただし多くの場合、「心でっかち」は、それほど目立たないかたちで私たちの常識の中に入り込んで、私たちが現実を見る目を微妙に曇らせてしまう。その結果、私たちは社会を正しく捉えることができなくなり、見当違いのやり方で社会問題の解決をはかるようになってしまいます。

「頭でっかち」の典型は現場を知らない学者先生ですが、「心でっかち」の典型は、誰にでも受け入れられそうなもっともらしい「説教」を垂れ流している一部の評論家の人たちですね。とくに、現代社会の問題をすべて「心の荒廃」で説明できると考えている人たちです。

この本でぼくが言いたいことのひとつは、こうした「心でっかち」な社会の理解が、若い人たちに一種の「社会恐怖症」を生み出しているということなんだけど、ただ、そのことをちゃんと説明するためには、もう少しいろんなことについて話をしておかないといけない。

ということで、この話にもう少しつきあってください。

◆根岸の里のわび住まい

現代社会にはいろんな社会問題があふれています。そうした社会問題についてマスコミなどがとりあげるときに一番目につくのが、「心でっかち」な解説記事です。たとえば、若者による凶悪犯罪が報道されると、すぐに、「なぜ現代の若者はキレやすくなったのか?」といった解説記事が新聞や週刊誌に報道されます。

そういった記事の多くは、若者による凶悪犯罪は若者たちの心が荒廃したからだという「心でっかち」な思い込みが出発点になっているんですね。だから、学校や家庭での子どもの育て方や教育に問題があるんだという結論にすぐに結びついてしまう。

こうした、社会問題を学校や家庭での教育にすぐに結び付ける発想を、ぼくは「根岸の里のわび住まい」方式と呼んでいます。どういうことかというと、学校や家庭での教育に問題があるという解説をすれば、何でも分かった気になってしまうということ。実に便利な説明なんですね。

世の中には便利なものがたくさんありますが、これまで俳句に縁がなかった人が急に俳句を作る羽目になったときに便利なのが、「根岸の里のわび住まい」です。このフレーズの前に何か季節に関係する言葉を入れてやれば、何やらもっともそうな俳句ができてしまうからです。

たとえば、

「初霜や、根岸の里のわび住まい」
「行く年に、根岸の里のわび住まい」
「紅葉散る、根岸の里のわび住まい」

「さんま焼く、根岸の里のわび住まい」

など、いくらでも俳句が作れます。

資本主義がもたらす競争や格差、あるいは学校や家庭での教育の失敗が人々の心を荒廃させているという決まり文句も、社会問題を説明するときにいつでも使える「根岸の里のわび住まい」のようなものです。もちろん、社会問題を説明するために、「いじめられ、根岸の里のわび住まい」などと俳句を作るわけじゃあないんだけど。

そうじゃなくて、「根岸の里のわび住まい」の代わりに、「格差社会や教育の失敗が若者や子どもたちの心を荒廃させている」というフレーズを使えば、いじめでも学級崩壊でも若者の凶悪犯罪でも、すべて説明できた気になってしまうんですね。

たとえば、

「いじめは、受験戦争で生徒たちが過度のストレスにさらされたために生まれた、現代社会の問題である」

「若者がキレやすくなり、殺人や暴力犯罪が増加しているのは、家庭を取り巻く伝統的コミュニティが消失したことで、生徒たちが思いやりの心を学ぶ機会を失ったからである」

など、いくらでも応用がききます。

こういった説明にも一面の真実は含まれているかもしれないけれど、それよりも、その説明で分かった気になってしまって、それ以上に深い原因について考えようとしなくなるという意味で大きな問題ですね。

いつも「根岸の里のわび住まい」を使って俳句を作っている人が、けっして感動を呼ぶ俳句を作れなくなってしまうのと同じです。

たとえば、若者の心が荒廃してきたので若者による凶悪犯罪や殺人が増加したという説明は、表面的にはもっともらしいので、多くの人々は単純にその説明を受け入れてしまい、それ以上深く問題を考えようとしなくなってしまいます。だから、ほんとにそうなのかという、事実そのものを確かめてみようという気にさえならない。

そういう人たちは、「若者による凶悪犯罪や殺人の増加」という事実そのものが実際には存在しないことを知らないまま、もっともらしい説明が本当なんだと思い込んでいるんですね。

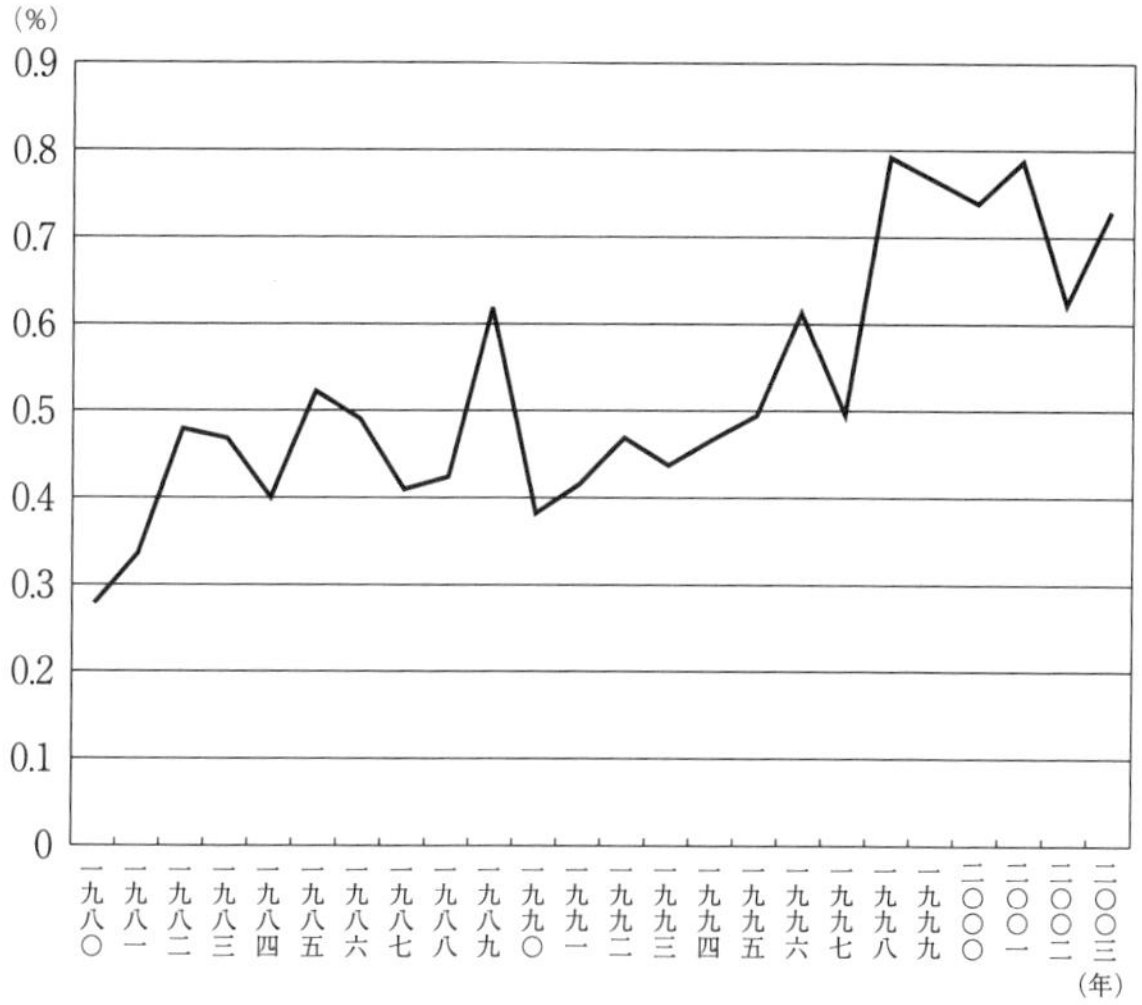

図 1-2　1980～2003 年までの未成年者による殺人率

◆なぜ全体を見ないと危険なのか

まず、上のグラフを見てください。これは、一九八〇年から二〇〇三年までの未成年者による殺人率（未成年者十万人当たりの、未成年者による殺人犯の検挙数、管賀江留郎「少年犯罪データベース」http://kangaeru.s59.xrea.com/G-Satujin.htm による）の変化を示したものです。

このグラフを見れば、一九八〇年以降に未成年者による殺人が急速に増えているように思えるよね。二〇〇〇年代の初めには、未成年者による殺人率

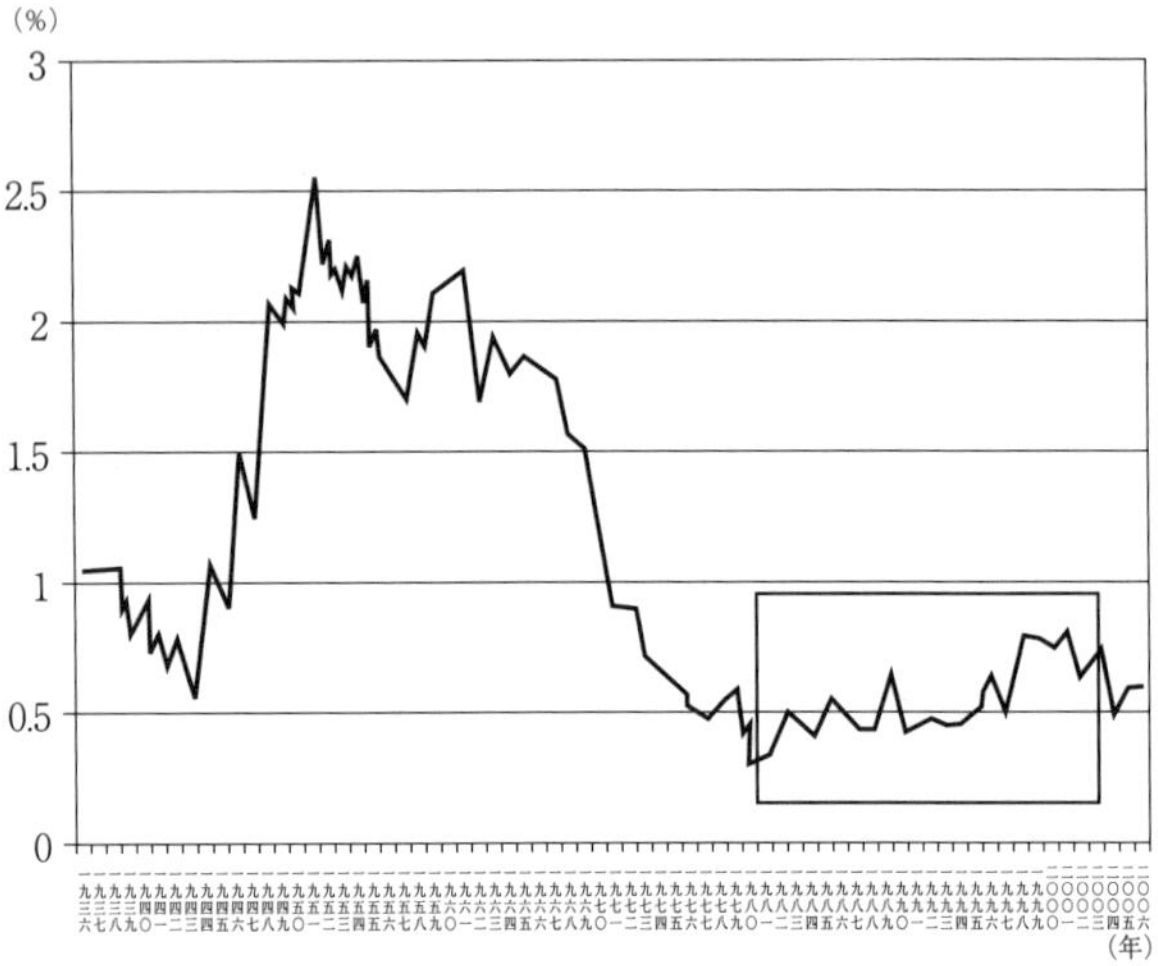

図 1-3　1936〜2006 年までの未成年者による殺人率

は一九八〇年のほぼ二倍に増えているように見える。だから、「若者がキレやすくなって凶悪犯罪が増えている。八〇年代のバブル経済に続いて、小泉改革のせいで競争と格差がひどくなって、そのために若者の心が荒廃してしまったんだ」といった説明をされると、なるほどと思ってしまう。

だけど、ちょっと待ってください。そんな説明に納得してしまう前に、このページのグラフも見てください。

このグラフは、戦前の一九三六年から二〇〇六年までの未成年者による殺人率の変化を示したグラフです。

みなさんは、このグラフを見てどう思いますか？

さっきのグラフは、このグラフの中の四角の枠で囲まれた部分だけを拡大したものなんです。そこだけを見ると、若者による殺人が急速に増加しているように見える。だけどグラフ全体からは、二〇〇四年以降になると未成年者による殺人が多少減少に向かっていることが分かるし、それに、なんて言っても、最近のピークだった一九九八年から二〇〇一年にかけての殺人率（十万人当たり〇・八人程度）でも、一九五〇年代から一九六〇年代にかけて（十万人当たり二人から二・五人程度）と比べると、大きく減少していることがはっきりしています。

だから、少なくとも過去百年くらいの長期的な傾向を調べてみると、若者による殺人事件の増加などという事実はないんですね。だけど、みんな若者による凶悪犯罪が増加していると思いこんでしまっている。

なぜそう思い込むかというと、「資本主義的な市場万能の考え方が世の中にはびこるようになって、伝統的な道徳や倫理を学校でも家庭でも教えないようになったから、人々の心が荒廃してきている」という思い込みが、「根岸の里」になってしまっているからなんですね。だから、「心の荒廃」と結びつくものは何でも本当なんだと思ってしまう。

だから、テレビや新聞、週刊誌などのマスメディアも、何か問題が起こると「若者の心の荒廃」を唱える評論家を連れてきてもっともらしい話をさせる。ワイドショーの司会者も、そういった評論家と一緒になって、拝金主義や競争万能の世の中を批判していれば、視聴者の共感をかうことができる。

その結果、子どもや若者に対して道徳や倫理や共感性や協調性を押し付けようとする、お説教の大合唱が世の中にあふれることになって、若い人たちに、「世の中でうまくやっていくのがそんなに大変なら、そんな大変なところは敬遠させてもらいます」という、社会に出るのが不安だという思いを蔓延《まんえん》させている。お説教をしている本人は、そんなことはまったく考えてないいんだけどね。

第2章　天才は先生に作られる――社会は自分たちで作るもの

さて、第1章では、社会を理解するために一番大切なことについて話してきました。全体に目を向けないといけないということと、「心でっかち」のワナにはまってはいけないということです。

この章では、社会を理解するためにもう一つ大切なことについてお話ししたいと思うんです。社会とは、外から私たちに襲いかかってくる化け物なんかじゃなくて、私たち自身が作り上げているものなんだということです。

このことを理解してもらうために、この章では、「予言の自己実現」という考え方について話をします。「予言の自己実現」というのは、人々がある期待を持って行動すると、結局その期待通りの結果が生まれてしまうというお話です。

そんな都合のいいことがあるんだろうか？　そんなことがもしあるとしても、社会を理解するために、そんなおかしな話が役に立つんだろうか？

読者のみなさんは、そういった疑問を持っているんじゃないでしょうか？　そこで、まず、そういうことは本当にあるんだよという例として、「教室のピグマリオン」の話を紹介することにします。

◆教室のピグマリオン

人々がある期待を持って行動すると、ほんとうにその期待通りの結果が生まれてしまうという「予言の自己実現」の例として一番よく知られているのは、ローゼンタールさんとジェイコブソンさんという二人の心理学者がサンフランシスコの小学校で行った研究です。

「ピグマリオン」というのはギリシャ神話に登場する彫刻家で、自分が作った美の女神アフロディテ（ローマではヴィーナスと呼ばれています）の像に恋をしてしまうんですね。自分が作った石像があまりに美しいので、その石像が生きているように思いこんでしまい、なんとか気を惹《ひ》こうとして愛の言葉をささやいたりするんです。なんだか、アニメの美少女に恋をしてしまった「おたく」のような人ですね、ピグマリオンさんって。

図 2-1　ジェローム「ピグマリオンとガラテア」（1890 年）

だけど、いくらピグマリオンさんが愛をささやいても、すてきな贈り物をしても、アフロディテの像は何も応えてくれない。そりゃあたりまえだけど。だけど、ピグマリオンさんは自分の想いが像に通じないことを悲しんで、もうこれ以上生きている意味がないと思ってしまう。そして自殺しようとするんです。

それを本物の女神アフロディテが見ていて、かわいそうに思うんですよ。私の像にあんなに一途に思いつめているなんて、ってね。そこで、女神アフロディテは、その像に命を吹き込んであげるんです。

像が生きていると思い込んでいるピグマリオンの様子を憐《あわ》れんだアフロディテが像に命を吹き込んだために、像が生きているというピグマリオンの想いが現実のものとなったというのが、ピグマリオンについてのギリシャ神話の大筋です。

ローゼンタールさんとジェイコブソンさんは、この、想いが現実を生み出すという「ピグマリオン効果」が、実際に先生と生徒との間で生まれていることを、一九六八年に発表した研究で示しました。

この研究を開始するにあたって、彼らはまず、サンフランシスコの小学校で、いくつ

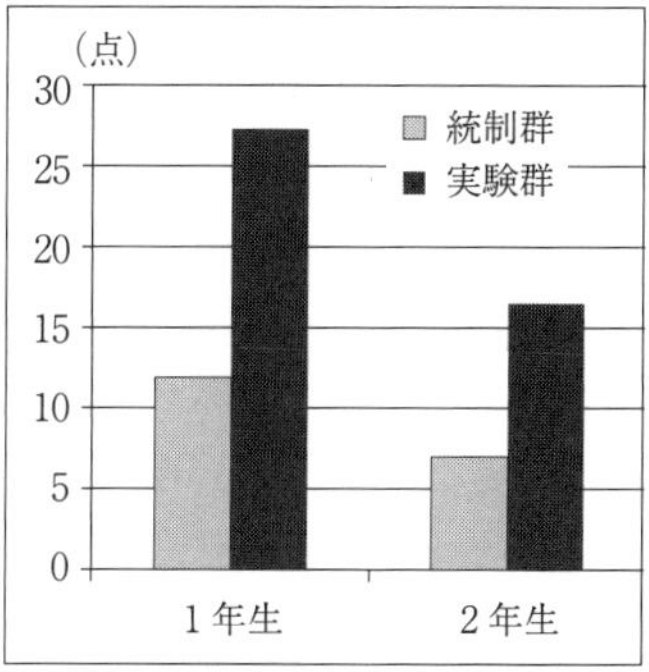

図2-2 Rosenthal & Jacobsonの実験（1968年）で、8か月でテスト成績が向上した程度。実験群の生徒は、ランダムに選ばれ、新しい知能テストで優れた能力の持ち主であることがわかったという偽の結果を先生に伝えられている。統制群の生徒については、先生に何も伝えられていない。

かのクラスで知能テストを行ったんですね。そして、このテストを受けたクラスの中から何人かの生徒をランダムに選んで、その生徒たちが実は隠された能力の持ち主なんだという偽の結果を先生に教えました。「その生徒たちは、いまは目立っていないかもしれないけど、新しく開発された知能テストの結果を見ると実は優れた能力の持ち主だと分かりました」と先生に教えたんです。だから先生は、ランダムに選ばれた特定の生徒が優れた能力の持ち主だと思い込みます。

この研究で調べたのは、ある生徒がすぐれた能力の持ち主だと先生が思い込むと、それだけで、その生徒の成績が良くなるかどうかです。先生の想いが生徒の現実を生み出すかどうか、ですね。

そして、八か月後に同じクラスで再びテストを行ったところ、能力があると言われた生徒たちの成績が、それ以外の生徒たちに比べて大幅に向上していることが分かったんです。つまり、先生が特定の生徒に能力があるという期待に従って行動した結果、実際にその生徒たちの能力が向上してしまったんです。

ピグマリオンとしての先生が持つ生徒たちに対する想いが現実のものになったということで、この研究は「教室のピグマリオン」研究と呼ばれて、よく知られるようになりました。先生たちの教室での行動を記録したビデオを分析してみると、先生が自分では意識しないまま「能力のある」生徒たちに対して好意的なしぐさを示している様子が見られています。

この研究に対してはその後いろんな批判が出て、ほんとにそんなことが起こるのかどうかを確かめる研究がその後何百も実施されたんだけど、そのうちのかなりの数の研究で同じような結果が観察されています。

◆銀行の取り付け騒ぎ

ローゼンタールさんとジェイコブソンさんの研究や、その後に実施された多くの研究でよく知られるようになったピグマリオン効果は、もっと一般的には「予言の自己実現」と呼ばれています。

その一番分かりやすい例は、噂《うわさ》が作り出す銀行の取り付け騒ぎです。

今では銀行がつぶれても、その銀行に預けてある貯金がなくなってしまわないように政府が保証してくれているので、取り付け騒ぎはあまり起こらなくなったし、ニュースにも報道されないですね。だから、若い読者のみなさんは「取り付け騒ぎ」という言葉を聞いたことがないかもしれない。だけど昔は、銀行がつぶれると銀行に預けてある貯金が引き出せなくなったりしたんだよ。取り付け騒ぎというのは、そういう時に起こる騒ぎなんだ。

不況がひどくなって、世の中の人たちがみんな漠然とした経済不安を持っているような時に、「何々銀行があぶない」とか、「何々銀行がつぶれそうだ」という噂が流れることがある。みんなが不安な気持ちになっていると、ほんとうは危なくないんだけど、そういう噂が流れやすくなるんだよ。こんなに不況が長引いているから、ひょっとすると銀行が経営危機なんじゃないかと、みんな思ったりしてるからね。

そうした噂が流れても、噂をそのまま信じる人は多くないかもしれない。しかし何人かの人がその噂を信じて安全なうちに預金を引き出しておこうとすると、そうした人たちが銀行の前に列を作ることになる。そうした列を見た人たちの中には、「え、うそー。ただの噂だと思ってたけど、こんなに人が並んでるってことは、この銀行が危ないという噂は実は本当なのかもしれない」と思うようになる人がいる。

そうした人は、銀行がほんとうにつぶれてしまう前に貯金を引き出しておこうと思って、新たに列に加わることになるよね。そうすると列はますます長くなるから、噂はますますほんとうのように思えてくる。

そうなってくると、最初は銀行の前の列を見ても、「馬鹿な人たちが噂を信じて列を作っている」と思っていた人でさえ、列に並ばざるをえなくなってしまう。馬鹿らしいと思っていても、多くの人たちが噂に踊らされて預金を引き出そうとすると、本当に資金不足が生まれてしまうかもしれないからね。そうなる前に自分の貯金を引き出しておいた方が安全というわけです。

そうなると、自分は噂なんて信じないんだけど、噂を信じる人があまり増えないうちに預金を引き出しておいたほうが安心だと思って、新たに列に加わる人が現れることになるよね。そこまで行くと、「噂を信じない人も預金を引き出そうとするだろう」と思う人がさらに列に加わることになって、列の長さは急速に長くなる。

つまり、多くの人が「あの銀行があぶない」と思う、あるいは多くの人たちがそう思っているだろうと多くの人たちが思うだけでも、「今のうちに預金を引き出しておいたほうが良い」という行動をとるようになるんだ。

こうした例は、バブル経済が生まれたり崩れたりする理由でもあるんだよ。バブル経済というのは、ほかの人がどうするかということをみんなが読みあって行動することで生まれるものだから。株価が、地価が、絵画の価格が上昇する（つまり多くの人々が株に投資する、土地に投資する、絵画に投資する）だろうとみんなが考えると、そう思った人たちの中には、ほかの人たちが手を出す前に株や土地や絵画を買っておいてひと儲《もう》けをしようとする人たちが出てくるよね。

そうすると本当に株や土地や絵画の値段が上昇する。だから、自分の予想は正しかったんだとみんなが思うようになって、ますます株や土地や絵画に投資するようになる。

そうなると、それまでは「自分は関係ないや」と思っていた人たちも、「自分も遅れないうちに投資しておこう」と思うようになって、株や土地や絵画の値段が一気に高騰するバブルが生まれてしまう。

バブルが崩壊して大不況が生まれるときには、逆の予想がみんなを動かすようになるんだよ。どうも不況になりそうだと心配になってくると、ほかの人たちもそう考えて株や土地や絵画を値下がりする前に売っておこうと考えるだろうと予想する。だから自分も、いまのうちに売っておいた方がいいと思うよね。そうなると実際に値段が下がるようになるから、ますます心配が増えて、あまり心配していなかった人たちも心配になってくる。だからそういう人たちも株や土地や絵画を売りに出すから、値段が一気に下がるようになっちゃうんだよ。そうなると、これからまた値上がりしますよと言われても、誰もそんなことを信じなくなってしまう。

◆トイレットペーパー騒動

第一次石油ショックという言葉を聞いたことがありますか？　一九七三年のできごと

だから、若い読者のみなさんにとっては、生まれるずっと前の話ですね。だけど、テレビなんかで昔の話として放映したりしてるから、聞いたことがあるとか見たことがあるという人もいるかもしれませんね。ぼくはその頃、大学院生でした。

一九七三年の一〇月六日に、第四次中東戦争がはじまります。エジプトやシリアなどのアラブ諸国とイスラエルの間の戦争です。エジプト軍の奇襲が成功して、イスラエルは一時窮地に追いつめられたんだけど、その後反撃に成功したんですね。

イスラエルの反撃にはアメリカからの援助が重要な役割を果たしていたので、中東の産油国はこぞってアメリカとオランダに対して石油の輸出を禁止し、またそれ以外の国に対しても石油の供給を減らすことにしました。

ということで、中東からの石油に頼って高度経済成長を進めてきた日本は、突然の石油不足と価格高騰に直面してパニック状態になってしまったというのが、第一次石油ショックです。

こうした原油価格の高騰は、物価の高騰を通して庶民の生活にも大きな影響を与えたんですね。そうした中、当時の中曽根通産大臣が「紙を節約しよう」という呼びかけをしたこともあって、紙がなくなりそうだという噂が広がりはじめます。

そうした噂が広がっているときに、あるスーパーが特売広告で（安売りするので）「紙がなくなる！」と書いたところ、そのスーパーに行列ができて、ほんとうにトイレットペーパーが売り切れてしまったんです。

それだけじゃなくて、そのニュースが新聞で報道されると、全国で「トイレットペーパーが品切れになる前に買いだめしておこう」という人たちがスーパーに行列を作るようになって、それがまたマスコミで報道され、それまでは気にしなかった人たちまで買いに走ることになってしまったんです。

そのため、みんなが買いだめをしなければ十分に足りていたはずのトイレットペーパーがほんとうに不足するようになって、スーパーの店頭から姿を消してしまったというのが、第一次オイルショックのときに起きた「トイレットペーパー騒動」です。

このトイレットペーパー騒動でも、銀行の取り付け騒ぎと同じで、最後には、噂を信じていない人たちまで行列に並ぶことになってしまったんですね。自分は噂を信じていなくても、ほかの人たちが噂を信じるようになると品不足が起こってしまうから、そうなる前にとりあえず必要な分は買いだめしておこうとしたんですね。

こうしたできごとも予言の自己実現のひとつで、トイレットペーパーがなくなるとみんなが思うだけで、ほんとうにトイレットペーパーがなくなってしまった。

このトイレットペーパー騒動を知らない読者も、一九九三年に起こった「平成の米騒動」なら知ってるかもしれないね。若い読者のみなさんにとっては小さな子どものときの話だから、ちゃんとおぼえていないかもしれないけど。その年は日照不足と長雨のせいでお米の収穫量が減って、政府はその不足分を外国からの輸入米で補おうとしたんだけど、多くの消費者が国産米を手に入れようとして買いだめをしたので、店頭から国産米が消えてしまったというできごとです。トイレットペーパー騒動ほどはひどいパニックにならなかったんだけど。この平成の米騒動も、予言の自己実現のひとつです。

◆嫁と姑のいさかい

さて、予言の自己実現というのは、バブル経済や取り付け騒ぎ、あるいはトイレットペーパー騒ぎといった経済活動でよくみられるけど、それだけじゃなくて、最初に紹介したピグマリオン効果に代表されるように教育の分野でも見られるし、それ以外の広い分野でいろんな現象について見られているんだよ。

そのひとつは、いわゆる嫁と姑《しゅうとめ》の間のいざこざ。もちろん、ほんとうにお嫁さんが嫌いでいじわるをしている姑もいるし、姑にいじわるをしているお嫁さんもいるけど、嫁と姑の仲がこじれてしまう理由の一つは、予言の自己実現のプロセスがはたらいているからなんだ。

たとえば、優しいお嫁さんがいて、夫の母親（つまり姑さん）に対しても親切に接していたとします。姑さんのほうもお嫁さんのことを特に嫌っているわけではなく、ふつうに接しています。ごくふつうの関係ですね。

ところが、お姑さんが知り合いの人から「お嫁さんがあなたのことを悪く言ってたという噂を耳にしましたよ」という話を聞かされるとします。人のことを悪く言う噂は、人のことをほめる噂より広まりやすいから、何もなくてもそんな噂を耳にしたりすることはよくありますね。

そうすると、その場では「そんなことはありませんよ。いいお嫁さんですよ」と答えて、「まあ噂話なんだから」と思って軽く受け流しておくんだけど、なんとなく気になってくるんですね。

その結果、これまではなにもへんに思っていなかったお嫁さんの言葉遣いや行動が、なんだか皮肉を言ってるんじゃないかとか、邪険に扱われているんじゃないかとか思えてきたりする。

それでも、そう思っているだけだとお嫁さんとお姑さんの関係がそれ以上こじれることはないんだけど、ピグマリオン効果が生まれると関係が急速に悪くなってしまう。

教室でのピグマリオン効果の研究では、「この生徒には隠れた才能がある」と先生が思うと、先生はその生徒に対して、自分でも気がつかないようなしかたで生徒の積極的な行動をうながすようになるんですね。たとえば、その生徒が手を挙げるとすぐに当てて発言内容をほめてあげるとか、笑顔で接するとかする。自分ではその生徒を特別扱いしているつもりはないんだけど。

それと同じように、お嫁さんが自分のことを嫌っているかもしれないと思うと、お嫁さんが自分に対して言うこととかすることが気になって、ひょっとするとほんとうに自分のことを嫌っているかもしれないと思うようになってくる。そうすると、お嫁さんに対して自分でも気がつかないうちにちょっとした皮肉を言ってみたり、お嫁さんと話をするときに表情から笑顔が消えてしまうといった、小さな変化が生まれます。

そうした変化は、ピグマリオンの研究での生徒に起こったような変化をお嫁さんに生み出してしまうんですね。皮肉を言われれば、つい表情に怒りの感情が出てしまうし、言い方にもトゲが出てしまう。お姑さんが嫌な表情で話しかけてくれば、つい自分の表情もけわしくなる。

こうしてお嫁さんの表情や話し方の変化が生まれると、それがお姑さんにとっては、「やっぱり、自分のことを嫌っているんだわ！」という証拠になってしまう。だから、お嫁さんに対する接し方がもっとひどくなる。そうするとお嫁さんもそれに反応して、もっとひどい言い方をしたり表情をしたりするようになる。そうするとますます、「嫁は自分を嫌っている」という確信が強くなってしまう。

そうなると、ほんとうはお互いに嫌いあっていなかった二人も、ほんとうに嫌いあうようになってしまうという、予言の自己実現が起こってしまうんですね。

こうした予言の自己実現は、お嫁さんとお姑さんの間だけじゃなくて、友達同士の間でもよく起こることだよね。みんなもそういった経験があるんじゃないだろうか。

◆血液型性格判断

予言の自己実現がはたらいているもう一つの例に、血液型による性格判断があります。読者のみなさんの中にも、血液型による性格判断はあたっていると思っている人がいるかもしれないね。本当はそんなことはないいんだけど、それでもなぜ血液型性格判断はあたっていると思うんだろう？

ぼくはときどき、社会心理学の授業の中で学生に性格テストをやってもらって、その結果を血液型と比べることで、血液型と性格の間に関係がないことを教えています。小さなクラスだと、たまたま血液型による性格の違いが起こってしまうことがあるけど、ある程度大きなクラスだとそうしたランダムなかたよりが起こりにくくなるので、血液型と性格には関係がないことが分かります。

だけど、実際にそうした結果を見せて、「血液型と性格には関係がないでしょ」と言っても、まだ納得しない学生がたくさんいます。

そういう人たちにいくら統計的な研究結果を示しても、ほとんど役に立たない。どうしてかというと、自分の個人的な経験からいってあたっている例が多いと思っているからなんです。友達とか自分自身の血液型と性格については、やっぱりあたっていると思っている。だから、いくら統計的な結果を見せられても、自分の経験の方を重視しちゃうんですね。そういうことって、多くないですか？

ダイエットの広告を見ても、皮膚の若返りの広告を見ても、個人的な経験談や「ダイエット前」と「ダイエット後」を比べた写真なんかが目につくよね。だけど、科学的な方法を使って調べた統計的なデータはほとんどのってない。そういうデータをちゃんと調べたら効果がないことが分かっちゃう場合にも、個人的な体験談をのせておけば、それだけで広告を見た人は納得しちゃうから。

どうして、そんなことが起こるんだろう？　どうして統計的には存在しないはずの関係が、自分の経験だけを考えるとほんとうにあるように思ってしまうんだろう？

原因はいろいろあるんだけど、「A型の人はこういった性格の持ち主だ」という情報を読んだり聞いたりするときに、私たちはそうした情報をそのまま鵜呑《うの》みにするからだ、というわけではありません。そんなことをしてたら、世の中には矛盾した情報がいっぱいあるから、頭の中がすぐにパンクしてしまう。

だから、そうした情報に接すると、まず、「ほんとうかな？」と考えてみるよね。そして、ほんとうにそういった性格をもったA型の人を思い出すと、「あ、やっぱりそうなんだ」と思って、その情報を正しいものとして受け入れるんだよ。

だけど、その時に、その逆のことはしないんだ。たとえばA型なのに、そういった性格ではない人を思い出そうとしたり、そういう性格なのにA型以外の血液型の人を思い出そうとしない。つまり、あたっている人だけを思い出そうとする。

そうすると、血液型性格判断に書いてあるような性格特性は、誰でも多かれ少なかれ持っているような性格特性なので、「あたってる」と思ってしまう。たとえば「O型の人は自分の目標を追求する」と書かれていれば、自分はO型で、自分は目標を何とか手に入れたいなーと思っているから、やっぱりあたっていると思うんだよね。世の中に、手に入れたいものや達成したい目標を持っていない人なんていないんだから。

その結果、自分自身や自分の知っている人にあてはまるということで、血液型性格判断が正しいと思ってしまう。そうすると、日常生活の中でも、血液型性格判断と一致する例を見つけるたびに、「あ、やっぱり、○○ちゃんはA型だからそんなことをするんだー」ということで、ますますあたっていると思い込むようになるんだよね。

その逆に、血液型性格判断にあてはまらない行動をしたりする人に出会っても、そうした人の行動をわざわざ血液型に結びつけて考えることはしない。だから、客観的にはあたらない場合の方が多くても、主観的には「いつも」あたっていると思ってしまうんだよ。

こうした「思い込み」は血液型についてだけじゃなくて、差別や偏見のもとになっているステレオタイプについても言えることで、日本人は何とかだとか、アメリカ人にはこういう傾向があるとか、黒人はなんとかだというたぐいのステレオタイプも、そう思っている本人にとっては、自分の個人的な経験からあたっていると思い込んでるんだよ。そういう人たちに、科学的な手続きを使って調べた結果を見せても、「だって自分の知ってる人は、みんなそうなんだから」といって、考えを変えようとしないんだ。

さて、ここで言いたかったことは、血液型性格判断に根拠がないのに、たくさんの人たちが信じてしまうってことじゃなくて、血液型性格判断を信じている人の性格が、ほんとうに血液型性格判断の通りになる場合もあるってことなんだ。このことについては、山崎賢治さんと坂元章さんという社会心理学者が研究してるんだよ（日本社会心理学会大会論文集、一九九一年、一九九二年）。

山崎さんと坂元さんは、一九七八年から八八年までの間に、血液型と性格特性との関係が強くなってきているという調査データの分析をしています。たとえばA型の人がA型の人に当てはまるとされている性格特性を持っていると自分で思っている程度、つまり血液型性格判断が「あたっている」程度が、一九七八年よりも一九八八年のほうが強くなっているということ。同じことは、別の血液型についても言えるんだよ。

ということは、みんなが血液型判断をあたっていると思い込むことで、ほんとうにそうした性格特性を知らず知らずのうちに身につけるようになってきたということなんだと考えられます。自分は何とか型だからこういうときにはこういった行動を取るんだよねと思い込んで、ほんとうにそうした行動を取るようになってしまう。また、〇〇ちゃんは何型だから、やっぱりこういう性格なんだねって言われ続けてると、そういう性格を身につけてしまう、ってこと。

こうしたことは血液型性格判断だけだとあんまり害はないけど、まわりからの偏見にさらされていると、ほんとうにそうした偏見に応じた考え方をしたり、行動をするようになってしまう可能性があるってことだから、偏見やステレオタイプが予言の自己実現を生み出してしまうってことには十分に気をつけておかないといけないんだよ。

◆人種差別も「予言の自己実現」

そもそも、予言の自己実現という言葉は、心理学者のローゼンタールさんやジェイコブソンさんたちが研究をはじめる前に、社会学者ロバート・マートンさんが、一九五〇年代のアメリカ北部の産業地帯での黒人に対する差別を説明するために使った言葉なんですね。だけど、差別を説明するための予言の自己実現には、ピグマリオン効果や嫁と姑のいさかいについての予言の自己実現とはちょっと違った意味が含まれています。

この違いを理解することは、社会について考えるときに、とても重要な意味を持ってくるんです。ということで、黒人に対する差別を説明するのに、予言の自己実現という考え方がどのように使われているかを簡単に説明しておきます。

マートンさんは、まず、一九五〇年代のシカゴを中心とするアメリカ北部で見られた黒人に対する人種差別、特に白人労働者による黒人労働者に対する差別が、たんなる偏見によって生み出されているだけではなく、事実によって支えられていると言っているんですね。差別は偏見ではなくて、黒人についての事実によって生み出され維持されているんだ、というわけです。

こうした言い方は、一見、差別を正当化しているように見えます。黒人にはこういう問題点があるから差別されて当然なんだ、という言い方につながっているように見えるから。だから差別に反対する人たちは、それはたんなる偏見であって、黒人に問題があるというのは事実じゃないですよと主張するんですね。

だけどマートンさんは、それはたんなる偏見じゃないんだよ、って言う。というと、黒人に対する差別を支持しているんじゃないかと思うかもしれないけど、ところがそうじゃないんです。

マートンさんが言いたかったのは、黒人に対する差別を正当化するために使われている事実は、たんなる偏見じゃなくてほんとうに存在しているんだけど、それは、みんなが偏見を持っているから事実になっちゃっているんだよ、ってことなんだ。つまり、偏見が予言の自己実現を通して事実を生みだしてしまっているってこと。

もう少し詳しく、説明を聞いてみよう。（ロバート・K・マートン『社会理論と社会構造』、一九五七年〈邦訳一九六一年〉、以下は山岸による翻訳。）

アメリカの白人たちが持っている黒人に対する考え方は、偏見なんかじゃなくて、しっかりとした事実に基づいているんだよ。白人たちは、黒人は「労働者階級の裏切り者」なんだから、断固として自分たちの労働組合からしめ出してしまわなければならないと考えてる。これは偏見じゃないですよ。黒人が実際に「労働者階級の裏切り者」だという事実ははっきりしているんだから。だいたい、黒人はストライキ破りに雇われてますね。それに、黒人は生活水準が低いから、低賃金でも仕事にありつこうと殺到する。だから、労働者全体の賃金が下がってしまう。

黒人は白人労働者が労働組合運動を通して苦労して獲得してきた労働条件を破壊する「労働者階級の裏切り者」だというのは、たんなる白人の側が持っている偏見じゃなくて、事実なんだってわけです。

一九四〇年代から五〇年代にかけてのアメリカでは、黒人たちが南部の農業地帯から北部の工業地帯に職を求めて移住してきて、安い賃金で働いたり、ストライキ破りのために雇われるなどしていたんだよ。ストライキ破りというのは、労働者が待遇改善や賃上げを求めてストライキをしたときに、一時的に労働者を雇ったりして工場の操業を続けることを言うんだ。その頃のアメリカでは、今とは違って労働組合運動が盛んだったから、ストライキもよく起こって、そのために工場の経営者がストライキ破りのために一時的に労働者を雇うこともよくあったんだよ。そうしたストライキ破りには、南部から出てきて職のない黒人たちがよく使われていたんだ。

だから、白人の労働者たちは、黒人は労働組合運動に敵対する「労働者の敵」だと考えていた。そうして、「黒人は労働者の敵だ」と思っている白人労働者たちは、労働組合に「労働者の敵」である黒人が加入するのを拒否していたんだよ。

労働組合がちゃんとしている産業では、労働組合に加入していない人を雇ってはいけない決まりになっている（アメリカでは）ので、労働組合に加入させてもらえないと正規の仕事に就くことができなくなってしまう。そうすると、組合に入れてもらえない黒人たちは正規の仕事には就けず、ストライキ破りのような仕事とか、賃金が安くて白人は働こうとしない仕事を探すしかできなくなってしまうよね。

つまり、白人労働者が黒人は労働者の敵だと考えて、労働組合への黒人労働者の参加を拒否するせいで、黒人労働者はストライキ破りとか、低賃金の日雇いの仕事にしかつけなくなってしまう。そしてその結果、黒人達は実際にストライキ破りに雇われたり、低い賃金で働くことになって、黒人は労働運動の敵だという白人労働者の思い込みがほんとうになってしまう。

これが、マートンさんが言っている予言の自己実現なんだ。

予言の自己実現としての黒人差別の例は、社会について考えるときにとても重要な意味を持っているんですね。正規の職への採用を拒否された黒人労働者にとっては、生きるためには、ストライキ破りのように、労働組合に対立するかたちで働かざるを得なかった。

ここに、「社会」について考えるときの一番重要な点があります。

つまり、「社会」というのは、そこで生きている人にとって、あるしかたで行動せざるをえないようにしているものなんだよ。そうしないと大変な目にあってしまう。例えば、労働者の敵になるのは嫌だと思ってストライキ破りの職につかないでいると、ほかに仕事がないから飢え死にしてしまう。あるいは、泥棒や強盗になって生きていかないといけない。

飢え死にしてしまったり、泥棒や強盗になって生きていくよりは、まだストライキ破りの仕事に雇われた方がましだよね。そう思うと、ストライキ破りの仕事をしたくない人でも、そうした仕事をしないといけないということになる。そのことが、一人ひとりの人間にとっての「社会」の意味なんだ。私たちが社会を作って生きているってことは、その中ではあるしかたで行動せざるを得ない状態ができ上がっているってことなんだよ。

こういう状態を表現するためのいい言葉はなかなか見つからないね。日本語だと「しがらみ」って言葉が一番近いんだと思う。だから、「社会」とは「しがらみ」の集まりだと言ってもいい。もう少し正確に言うと、人々に一定のしかたで行動するようにうながしている「しがらみ」が、そうした人たちの行動そのものによって生み出されている状態が「社会」なんだよ。

◆「しがらみ」としての社会

「しがらみ」って言葉は、いまの若い人たちはあまり聞いたことがないかもしれないね。「しがらみ」を『大辞泉』で引いてみると、「①水流をせき止めるために、川の中にくいを打ち並べて、それに木の枝や竹などを横に結びつけたもの。②引き留め、まとわりつくもの。じゃまをするもの。」とされています。『類語玉手箱』で似た言葉を探してみると、「障害（物）、邪魔物、（避けられない）関係、（うっとうしい）人間関係、人の絆《きずな》、つながり、（浮世の）重荷、義理（人情）、情実（がからむ）、（過去の）いきさつ、（逃げられない）世事・束縛」などといった言葉が並んでいます。

だから、「社会とはしがらみの集まりだ」というと、何だかうっとうしい、昔風の人間関係のことを言っているようで、もっとドライな現代の人間関係にはあてはまらないよ、って言われそうですね。だから、できれば違う言葉を使いたいんだけど、なかなかいい言葉が見つからない。

本当のことを言うと、「インセンティブ構造」という言葉が使いたいんだけど、中学生や高校生のみなさんには何の事だかまったく分からないかもしれないよね。だけど、ちょっとがまんして話を聞いてもらえるだろうか？　この章の話は何だか難しそうだけど、分かってみると「社会のしくみ」を理解するのにきっと役に立つと思うから。

インセンティブという言葉は、ときどき耳にすることがあるんじゃないかな。よく意味が分からないかもしれないけど。

インセンティブというのは、ふつうは、人々からやる気を引き出すために使う報酬のことです。ある仕事に成功すると百万円のボーナスがもらえることが分かると、一生懸命に仕事をすることになるよね。そのときの百万円のボーナスが、仕事を一生懸命にさせるためのインセンティブなんだ。

だけどここではインセンティブという言葉を、もう少し広い意味で使っています。

人々が欲しいと思っていて、ある行動を取れば別の行動を取ったときよりも手に入る可能性が増えることが分かっているものが、その行動を取るためのインセンティブです。だから、一生懸命に働いて仕事に成功すると手に入るボーナスは一生懸命に働くように人々をうながすインセンティブだし、自分が好意を持っている相手から関心を持ってもらいたくてデートに誘うときには、相手からの関心がデートに誘うようにうながすインセンティブと考えていい。

あるいは、のどの渇いた人にとって、コーラは自動販売機にお金を入れるという行動をとらせるインセンティブになる。

インセンティブは人々が欲しいと思っているものなんだけど、その反対に、人々が避けたいと思っているものもあるよね。そういったものは、インセンティブの反対の「ディスインセンティブ」とか「反インセンティブ」と呼ばれています。ある行動を取ると自分にとって好ましくない結果が生まれる場合には、その結果は、その行動を避けさせるディスインセンティブになるって言い方をする。

世の中には、こうしたインセンティブやディスインセンティブがたくさん用意されていて、人々はふつう、そうしたインセンティブやディスインセンティブにうながされてある行動をとったり、とらなかったりしている。

こうしたインセンティブは、経済学なんかではふつうはお金だと考えられています。こうすればお金が儲かると分かっていれば、そのことは、「こうすれば」という行動を人々にとらせるインセンティブがあるっていう言い方をするんだ。仕事に成功するとボーナスがもらえると分かっていれば、ボーナスが欲しいと思う人は一生懸命働いて仕事を成功させようとする。このことを、ボーナスが一生懸命仕事をさせるためのインセンティブになっていると言う。

だけど、私たちが欲しいと思うのはお金だけじゃないよね。一緒に楽しんだり悲しんだりしてくれる友達も欲しいし、優しくしてくれる恋人も欲しい。そうしたものは、いくら一生懸命努力しても自分一人で手に入れることができないよね。相手がいるわけだから、相手が一緒に悲しんでくれないといけないし、相手が優しくしてくれないといけない。

自分が何もしないでいて、相手が自分の望むことをしてくれるなら、そんな都合のいいことはないんだけど、そんなことはめったに起こらないよね。相手が悲しんでいるときに何もしてあげないでいて、自分が悲しいときに一緒に悲しんでほしいと思っても、そんな都合のいいことはそんなに起きるものじゃない。ほかの人から何かしてもらいたいと思ったら、何かその人が望んでいることをしてあげないといけない。そうしないと、いずれその人から何もしてもらえなくなってしまう。

インセンティブというのは、そういうこと。どうしたら自分の欲しいものが手に入れられるかが分かれば、そうした行動をとるようになるよね。何をすれば自分が欲しいものを手に入れられるかは、ほかの人がどう応えてくれるかによって決まってくる。

だから、「社会とはインセンティブ構造だ」ということは、自分がある行動をすると、それに応じてほかの人たちがどう行動するかがだいたい決まっているという意味なんだ。自分が何をするとほかの人たちがどう反応するかが決まっていなければ、自分が欲しいものがあっても、どうしたらいいのか分からない。お店でお金を払えば自分の欲しいものを渡してくれることは、だいたい分かっている。だけど、お金を払わないで自分の欲しいものをお店から持ってきてしまうと、警察につかまって留置場に入れられたり、裁判にかけられたりする。それよりは、お金を払う方がいいことが分かっている。

　自分が欲しいものを手に入れるために何をするのが自分にとって一番いいかが分かるってことは、こうしたらこういうことが起こるっていうことを、自分のいろんな行動について分かっているってことだよね。だから、自分がこうすればこうなるってだいたい決まっているってことだと思っていいんだよ。そうなっているってことが、「しがらみ」だと言ってもいいし、「インセンティブがある」と言ってもいい。重要なのは、社会で生きていくためには、自分の行動に対してほかの人たちがどう反応するかがだいたい決まってるってことなんだ。

◆「しがらみ」としての人種差別

　ここで最後に、黒人差別と、ピグマリオン効果を比べてみよう。どちらも予言の自己実現だよね。だけど、どこかが違っている。

　どこが違っているかっていうと、黒人差別には社会が関係しているけど、ピグマリオン効果には社会が関係してないってことなんだ。いいかえると、黒人差別は「しがらみ」とかインセンティブの話で、ピグマリオン効果には「しがらみ」やインセンティブが関係していない。

この子は隠れた才能の持ち主だと思い込んだ先生が、自分でも気づかないままその生徒の積極性を伸ばすようなことをしたのは、自分はその子の成績を伸ばしたいと思って、そのためにはこうすればいいからと考えてしたわけじゃないんだ。つまり、その生徒の成績を上げることが先生の行動のインセンティブになっていたわけじゃない。先生は誰にも強制されていないし、こうしたほうが結局自分の得になると考えていたわけでもない。先生の行動は、しがらみに縛られていたわけじゃない。

だけど、黒人がストライキ破りの仕事で働いていたのは、そうするインセンティブがあったからだよね。そんな仕事をするのはいやだと言って働かなかったら、飢え死にしてしまう。飢え死にするよりは、いやな仕事でもしたほうがいい。ということは、黒人の行動はインセンティブに従った行動だと言える。

それじゃあ、そのインセンティブはどうして存在するのかというと、それは白人労働者が黒人の労働組合への加入を拒否しているからだよね。だから黒人は、正規の職に就きたくてもつけない。そのため、飢え死にするよりはましだということで、ストライキ破りの仕事に就くことになる。ということは、白人労働者の行動が、黒人がストライキ破りの仕事をするためのインセンティブを作っていたことになる。

この例でも分かるように、インセンティブというのは、人々があるしかたで行動することで作り出すものなんだ。黒人は労働者階級の敵だと思い込んだ白人労働者の行動が、実際に黒人が労働者階級の敵として行動するためのインセンティブを作り出してしまう。そして、そうしたインセンティブに従った黒人の行動が、白人労働者の思い込み通りの現実を生み出してしまう。その結果黒人が「労働者階級の敵」として行動しているという現実が実際に生まれてしまう。だから「黒人は労働者階級の敵」だという白人の思い込みは、根も葉もない偏見なんじゃなくて、現実として存在しているということになる。

こうしたインセンティブが存在していて、黒人が「労働者階級の敵」として行動するようにうながしている状態が「社会」なんだよ。社会の中で私たちは自分の好きなように行動することはできない。そのことが、私たちが社会の中で生きているってことの意味なんだ。

第3章　クジャクのハネと「いじめ」の螺旋——社会ができるプロセス

この章では、社会の中で起きている現象についての原因と結果って、いったいどういうことなんだろうという話をしたいと思います。

第2章では「予言の自己実現」という考え方を使って、ある社会現象が生まれるのは、みんながその現象を望んだからだ（たとえば、離婚率が減るのはみんなが離婚したがらなくなったからだ）という「心でっかち」な考え方とは違う考え方を紹介しました。特に重要なのは、第2章でマートンさんが予言の自己実現として紹介している考え方です。ここではこうした考え方について、もう少し違った角度から見てみることにします。一人ひとりの個人が何かを望んで行動すると、その結果として誰も望んでいない社会的な現実が生み出されてしまうという現象について考えてみましょう。

こうした現象が世の中にたくさんあることは、今の日本の大きな問題である不況について考えてみてもすぐに分かるはずです。不況は誰かが望んだから生まれたわけじゃないんですね。誰も不況を望んでいない。だけど不況が生まれてしまう。どうしてなんだろう？

実はそうした現象が生まれる原理は、予言の自己実現と同じで、一人ひとりの行動がまわりの人たちにとって不況を招き寄せるような行動をとらせるインセンティブを生み出してしまうからなんですね。

予言の自己実現、とくにマートンさんが考えていた予言の自己実現の場合には、一人ひとりの行動が、まわりの人たちを予言（それぞれの人が持っている期待とか予測）通りに行動させるインセンティブとなっていたよね。おぼえていますか。

たとえば、黒人労働者を労働組合から締め出すという、黒人は労働者の敵だという「予言」（思いこみ）に従った白人労働者の行動が、黒人労働者に労働組合運動の敵として行動させるインセンティブを作ってしまったという話です。

それと同じように、不況の場合には、みんなが不況になりそうだと予想すると、みんなが消費を差し控えて貯蓄を増やそうとします。そうすると物が売れなくなって、そのために工場の閉鎖やリストラで職を失う人が出てくる。つまり、不況に備えて節約しようとする行動が製品の売れ行きを減らしてしまうので、工場の経営者に対してリストラを迫るインセンティブを作ってしまうんですね。人々の行動がまわりの別の人たちにとってのインセンティブを生み出すという点では、予言の自己実現の場合も不況の場合も同じです。

◆クジャクのハネはなぜ派手なのか？

誰も望まない社会現象が生まれてしまうのはなぜだろうということを考えるときに、実はクジャクのハネが役に立ちます。クジャクのハネと社会現象とがなぜ関係してるのかって？　そのことについて、これからお話しします。

雄《おす》クジャクのハネはとてもきれいですね。動物園で私たちの目を楽しませてくれます。だけど、本人（本鳥？）の生存にとっては不利なしろものです。猛獣などの捕食者に見つけられやすいし、捕食者に見つかって追いかけられた時にも、逃げるのに邪魔になってしまう。それなのにどうして、雄クジャクのハネは大きく派手になったのだろう？どうして雌《めす》クジャクは、同じようにきれいなハネをしていないんだろう？

この点を考えると、クジャクのハネはライオンの牙《きば》とか、シマウマの速く走る能力の進化と同じように、個体の生存に有利だという理由では説明できないよね。それどころか、クジャク本人の生存には不利なはず。それなのに雄クジャクが派手なハネを進化させたのは、どうしてなんだろう？　考えてみると、とても不思議ですね。

進化っていうのは、身体の性質（鋭い牙とか、速く走る足）や心の性質（捕食者が近くにいるかどうかに常に注意を払う性質とか、病気に伝染しそうな食べ物を避ける性質など）を作り出す遺伝情報が、ライオンだとかクジャクだとかシマウマだとかヒトだとかいう一つの種の中で広まったり、消えていったりする変化のことを言います。

ヒトは過去五〇〇万年ほどの間に、脳、特に前頭葉が大きくなったり、二足歩行をするのに適した身体つきになったりという、身体の性質を進化させると同時に、集団生活をうまく作り出すための心の性質を進化させてきました。それと同じように、雄クジャクは、大きくて派手な色のハネを進化させてきたんです。ヒトの場合にもクジャクの場合にも、そうした進化が生じたのは、そういった身体や心の設計図である遺伝情報が、それぞれの種の中で広まってきたからです。

それでは、なぜ雄クジャクは、大きくて派手な色のハネを作る設計図（遺伝情報）を持つようになったんだろう？　その理由は、大きくて派手な色のハネをしている雄クジャクの方が、小さくて地味なハネの雄クジャクよりも、たくさんの子どもを生んで、大人になるまで育てることができたからです。大きくて派手な色のハネを作る遺伝情報を受け継いだ子どもたちの数が、小さくて地味な色のハネを作る遺伝情報を受け継いだ子どもたちよりも多くなる結果、何世代もたつと、すべての雄が程度の差はあっても大きくて派手な色のハネを作る遺伝情報を持つようになったんだ。

こうした説明は、シマウマの足の速さといった性質の場合には簡単に理解できるよね。足が速ければライオンに食べられそうになっても逃げおおすことができるので、長生きをして、たくさんの子どもを作ることができる。足の遅いシマウマは、足の速いシマウマが逃げている間にライオンに食べられてしまって、うまく子どもを作ることができなくなってしまいます。

だけど、最初に言ったように、大きくて派手な色のハネをしていれば、捕食者に見つかる可能性が大きいし、見つかった場合には逃げるのに不利なので、たくさんの子どもを作る前に食べられてしまうんじゃないだろうか？　そうだとすれば、目立たない地味で小さなハネの持ち主の方がうまく生きのびてたくさんの子どもを作ることができるから、地味なハネのほうが進化するはずじゃあないだろうか？

ところが実際には、大きくて派手なハネが進化しています。なぜそんなことが起こるんだろう。

その理由は、進化には自然淘汰《とうた》と性淘汰という二つの道筋があるからなんです。シマウマの足の速さが進化したのは、それが本人の生き残りに役に立ったから。本人が生き残っていれば子どもをまだ作れるし、（主として哺乳類《ほにゅうるい》の雌であれば）子どもの世話を続けることができるので、子どもも生き残りやすくなる。だからそういう性質が進化するというのは分かりやすい。

これに対して性淘汰というのは、要するに雄と雌のそれぞれにとって、なるべくたくさんの子どもを残すのに有利な性質が進化するということ。雄と雌がそれぞれどういう性質を進化させるかは種によって違ってくるんだけど、雄の場合には一般に異性（雌）にモテる性質が進化する傾向がある。

雄の場合には、モテればモテるほど、たくさんの雌と交尾をして、たくさんの子どもを作ることができるからね。雌の場合にはそうはいかなくて、いくらモテてたくさんの雄と交尾しても、作ることができる子どもの数には限度がある。だから、多くの場合、モテる性質が進化しやすいのは雄のほうなんだ。

ということで、雄クジャクの大きくて派手なハネが進化したのは、ハネが派手であればあるほど異性（雌のクジャク）にモテたからだと考えられています。要するに、派手なハネを持っている雄は雌クジャクにとってカッコイイからなんですね。

しかし、どうして生存に不利なはずの大きくて派手なハネを持っていると、雌クジャクにモテるんだろう？　なぜ雌クジャクは派手なハネの雄を好むんだろう？

その理由は、ひとつには、大きくて派手なハネが健康のしるしだからです。健康でないクジャクのハネは色つやが悪く貧相なので、色つやが良くて立派なハネをしている雄は健康な雄だということが雌たちに分かるからなんだ。

前にもちょっと説明したように、雌はいくらたくさんの雄と交尾しても、生むことができる子どもの数が増えるわけじゃない。だから、雌にとってはたくさんの雄と交尾するという性質を持っていても、たくさんの子どもを残すためには役に立たない。それよりも、どうせ生むことができる子どもの数が決まっているのなら、不健康な子どもを生むよりは、健康で生き残りやすい子どもを生むほうがいい。健康な子どもを生んでおけば、その子どもが大人になって次の世代で孫を生む可能性が大きいから。

そこで、健康な雄と交尾して、健康な雄の子どもを生めばいいということになる。健康な雄の子どもたちは生き延びてたくさんの孫を生んでくれるはずなので、健康に魅力を感じる性質を身につけている雌は、不健康な雄を好む性質を持った雌よりもたくさんの子孫を残すことになる。ということで、健康そうな雄、つまり大きくて派手な色のハネを持った雄を好む性質が進化することになるんだよ。

◆誰も望まない社会現象が生まれるワケ

しかしこれだけでは、雄クジャクのハネが「度を越して」大きく派手なことを説明できません。いくら健康でも捕食者に食べられてしまえば、大きく派手なハネを持った子どもたちはたくさんの子孫を残すことができないわけだから。そうなると、本人の生存にとってあまり邪魔にならない程度の大きさと派手さのハネを持った雄が一番モテることになるはずで、生存にとって不利に働くほど極端に大きくて派手なハネを持った雄はモテなくなるはず。

というわけで、健康のしるしという説明では、なぜ雄クジャクが生存に不利なほど大きくて派手なハネを持っているのかはいぜん謎《なぞ》のままです。

この謎を解く鍵は、雌クジャクの好みが、ほかの雌クジャクの好みに応じて決定されていることによると、生物学者たちは考えています。つまり、大きくて派手なハネを持つ雄を好む性質は、ほかの雌たちが同じ性質を持っているほど強くなるんだよ。その理由は、ほかの雌たちが自分と同じように派手なハネの雄に対する好みを持っているときの方が、ほかの雌たちが地味なハネの雄を好んでいるときよりも、派手なハネの雄を好きになりやすいからなんです。

なぜそうなのかを説明するために、ここでまず、すべての雌が雄のハネにまったく注目していない状態を考えてみます。雌が雄のハネに注目していなければ、派手なハネの雄が特にモテるわけではないですね。しかし、先に説明した健康上の理由で雌たちが派手なハネの雄を好む性質を身につけ始めると事情が変わってきます。派手なハネに対する雌の好みが弱い間は、ハネの派手さは、モテることで子どもを増やすことができる程度と、捕食者に見つかって食べられやすくなる程度が釣り合ったあたりで進化がとまるはずです。しかし派手なハネに対する雌の好みがある程度強くなると、派手なハネに対する雌の好みは加速度的に強くなって、雄の派手さも極端になっていくんですね。

その理由は、多くの雌たちが派手な雄を好む性質を持っていると、派手な雄と交尾した雌が生んだ男の子は、父親の派手なハネの設計図を受け継いでいるから、まわりの仲間よりもモテる大人に成長するからなんだ。

派手でモテる男の子は成長してたくさんの雌たちと交尾できるから、その子が作る孫の数は、地味なハネを好む雌が生んだ地味でモテない男の子たちが作る孫の数よりも多くなる。そしてその孫の半分が雌だとすると、孫の代には派手な雄を好む心の設計図を受けついた雌の数がますます多くなり、そして派手な雄を好む雌の数が増えれば、その分だけ派手な雄がますますモテるようになるんですね。その結果、孫の代には派手なハネを好む雌の数が増えることになる。

こうして、何千世代、何万世代もたつと、派手なハネの雄を好む雌の性質が種の特性として一般化していきます。最初のきっかけは健康のしるしに対しての穏やかな好みだったのが、その好みが増幅されることで、雄のハネがますます大きく派手になり、そして大きくて派手なハネを好む性質を雌がますます強く持つように進化が進んでいきます。

その結果、ハネの大きさや派手さは本人の生存にとって望ましくないほど極端になるんだけど、それでも派手なハネは雌にとって魅力を持ち続けるんですね。それは、派手なハネが自分の生む子どもの生存にとって有利だからではなくて、ほかの雌がその性質に魅力を感じているので、派手なハネを父親から受け継いだ男の子が雌たちにモテるからなんだ。

だから、仲間たちとの競争に勝ってたくさんの子孫を残す性質が進化したからといって、その性質が本人の生存にとって有利な性質になるとは限らないんですね。一人ひとり（一羽いちわ）の雄クジャクが、「ぼくはこんな派手なハネは嫌いだし、猛獣に食べられやすいからもっと地味がいいや」と思っていても、そんな雄クジャクの思いとは関係なく、派手なハネの持ち主がたくさんの子どもを作ることになって、結局はみんな派手

なハネになってしまう。安全で地味なほうがいいという自分の好みどおりのハネを手に入れたとしても、そうした雄は雌にモテないから、地味なハネは自分一代で終わってしまう。モテない雄は、そうしたハネを受け継いでくれる子どもを作ることができないから。

これって、実はマートンさんが言っていた黒人差別の話に似ていると思いませんか？黒人労働者は低賃金で働いたり、スト破りの仕事についたりしたんだけど、それは、彼らがそういう仕事を好んでいたからじゃないよね。マートンさんの話に登場してくる黒人労働者は、好んで「労働者の敵」になるような仕事に就いていたわけじゃない。そうしなければ生きていけないから、そんなイヤな仕事に就いていたわけだ。なぜそうなるかっていうと、まわりの白人労働者たちが黒人を自分たちの組合に加入させなかったから。雄クジャクだって、自分の身を危険にさらすようなハネを欲しいとは思っていないかもしれないけど、そうしたハネを持っていないとまわりの雌たちが寄ってこないから、子どもを作ることができなくなってしまう。

同じことは、自分の子どもから遊び時間を奪って、無理やり勉強をさせている「教育ママ」にも言えるかもしれないね。できれば自分の子どもはもっとのびのびと育てたいと思っているお母さんも、まわりのお母さんたちが自分たちの子どもに勉強をさせている様子を見ると、このままだと自分の子どもが競争に勝てなくなってしまうんじゃないかって心配になってくる。そうすると、本当はもっとのびのびと育てたいんだけど、まわりの教育ママさんに尻《しり》を叩《たた》かれている子どもたちに負けないようにするためには、自分の子どもの尻を叩いてもっと勉強させないといけないと思うようになってしまう。

実は、教育ママと呼ばれているお母さんたちの多くは、ほんとうはもっとのびのびと子どもを育てたいと思っているのかもしれない。だけど、まわりのお母さんが子どもたちに勉強をさせているかぎり、自分も同じように子どもの尻を叩いて勉強をさせることになってしまう。だから、実は受験戦争というのも、予言の自己実現や不況などと一緒で、誰も望まないのに生まれてしまう社会現象としての側面を持っているんだよ。

◆「心でっかち」なスズメの評論家

だけど、「教育ママ」たちが子どもの尻を叩いて勉強させている様子を見ると、わたしたちはつい、教育ママたちは自分の好みを子どもたちに押し付けているように思ってしまう。第1章で「心でっかち」と呼んだ考え方をしてしまうんだよね。そうした評論家風のしかたでクジャクのハネを見るとどういう結論になるか、ここでちょっと考えてみよう。

そこで、スズメの世界のマスコミに登場してもらいます。スズメの社会もグローバル化して、まわりに派手なクジャクの姿が目に付くようになってきました。スズメニュースなどでも、そうした派手なクジャクの様子が報道され、みんな「困ったことになったものだ」と思っています。しかし、クジャクがどうしてそんな派手なハネをいいと思っているのか、みんな理解できません。

そこで、スズメの文化人類（鳥類）学者や、比較文化心理学者の先生たちに、どうしてあんなどぎついハネを好む鳥がいるのかをたずねます。ふつうのスズメからみると、何の役にも立たない「やくざな」ハネがもてはやされるなど、とても理解できないからです。

そこで、クジャク族の中で何年も暮らしてクジャクの文化に詳しい文化鳥類学者や、クジャク族を相手に質問紙調査をしている比較文化心理学者の先生たちに、どうして雄クジャクは大きくて派手なハネを身につけるのか、どうして雌クジャクはそんな役に立たないハネの持ち主に魅力を感じるのかをたずねてみました。その結果返ってきた答えは、二人とも同じです。「われわれスズメたちとクジャクたちでは、文化が違うからだ」という結論です。

文化鳥類学者の先生は、クジャクの「派手主義文化」について、次のように言っています。

長年にわたる研究の結果、クジャクの文化は「派手主義文化」だということが明らかにされた。地味主義文化で育ったスズメにとっては、誰でも知っているように、地味さが価値あるものとされている。そのため雄は地味なハネを身につけようとし、雌は地味なハネの雄に対して魅力を感じる。それに対してクジャクの文化では、地味主義文化で育った鳥たちにはとても我慢できないような派手さが価値あるものとされていることが明らかにされたのである。

雄クジャクが派手なハネを身につけ、雌クジャクが派手な雄に魅力を感じるのは、彼らの文化では派手さが価値あるものだとされていて、小さな時からそういった文化の中で育っているからである。スズメにとっては地味さが尊重されるのと同じように、クジャクの文化では派手さが良いことだとされているのだ。

ということで、スズメの学校では、クジャクに対する偏見をなくす教育をすることにしました。その理由を、スズメの教育学者は次のように言っています。

クジャクが派手なハネをしていたり、派手なハネを好んだりするからといって、クジャクたちに偏見を持ってはいけない。地味主義文化で育ってきた我々スズメには信じられないかもしれないが、クジャクにはクジャクなりの文化があって、そこではどぎつい派手さが実際に価値あるものとされているからである。世の中には地味さだけが価値があるわけではないということを理解することは、これからの鳥の世界に平和な関係を築くためにとても重要なことである。

ただし、年寄りの教育評論家はクジャク的な派手さがスズメの間に広がってしまうのを心配して、次のように言っています。

グローバル化が進むにつれ、クジャクの派手主義文化が若いスズメたちに悪い影響を与えている。その結果、これまで地味主義社会を支えてきた思いやりの心が子スズメたちから失われつつある。これまでの安定していたスズメ社会を維持するためには、子スズメたちが派手さを好むようにならないように、スズメ社会の伝統である地味主義の倫理観を子スズメたちにしっかり植えつける必要がある。

読者のみなさんは、もちろん、こうしたスズメの学者や評論家の「心でっかち」な主張が間違いであることを知っています。雄クジャクが派手なハネをしているのも、スズメが地味なハネをしているのも、彼らがそうしたハネを好んで身につけているからではないことをちゃんと分かっているからね。

だけどこれが人間の行動になったとたんに、「心でっかち」な主張を簡単に受け入れてしまうんですね。それは、ぼくが第2章で述べたこと、つまり、社会とは人々が自分たち自身で作り出しているインセンティブのあり方なんだということを、多くの人たちが理解していないからです。

この点をもっと詳しく説明するために、次に、「いじめの螺旋《らせん》」という話をすることにします。

◆いじめが起こるのは生徒の気持ちや性格の問題？

ここで、ある小学校の二つのクラスを見てみましょう。一つのクラスでは一人の生徒がいじめにあっていて、ほかの生徒たちはそのことに気づいているのに、みんな見て見ぬふりをしています。もう一つのクラスでは最初はいじめられている生徒がいたのに、クラスのほぼ全員が「いじめは悪いことだから、もういじめるのはやめなよ」と言って、いじめられている生徒をかばったために、いじめがなくなっています。

この二つのクラスでは、いじめが起こっているかどうかだけではなく、いじめに対して生徒たちがどう立ち向かっているかにも大きな違いがあります。ちょっと大げさな言い方になってしまうかもしれないけど、この二つのクラスは、第2章でお話をした意味で、二つの社会なんだと考えることができるんですね。なぜそれぞれのクラスが一つの「社会」と考えることができるのか、これからしばらく、この点について話をすることにします。

まず、この二つのクラスに大きな違いがあるのはなぜだと思うか、読者のみなさんに考えてもらいたいと思います。なぜでしょう?

一番最初に思いつくのは、二つのクラスにいる生徒たちがいじめに対して持っている考え方が違うからだという答えですね。最初のクラスにいる生徒たちはいじめを悪いことだとは思っていないのに対して、二番目のクラスの生徒たちはみんな、いじめはいけないことで、何とかしてやめさせないといけないと思っているという説明です。

二つのクラスの生徒が違っているのは、いじめを悪いことと思っている程度だけではなくて、いじめをやめさせるための行動をとる勇気があるかどうかなのかもしれないですね。

最初のクラスの生徒たちは、いじめはいけないと思ってるんだけど、いじめをやめさせようとすると逆に自分がいじめられることになってしまうんじゃないかと心配で、みんな見て見ぬふりをしている。こういったことは大人の世界でもよくあることですね。イヤな上司にねちねちといじめられている新人を見てかわいそうだと思うんだけど、誰も上司に意見を言うことができない。そんなことをしたら、今度は自分が標的にされて、自分の出世の妨げになってしまうんじゃないかと心配だから。これに対して、二番目のクラスの生徒たちはみんなもっと勇気があって、いじめのボスに立ち向かっていく。だから二番目のクラスではいじめが起こらなくなったんだ、ってね。

最初のクラスの生徒と二番目のクラスの生徒が違っているのは、いじめを悪いことだと思う程度なのかもしれないし、悪いと思ったいじめをやめさせようとする勇気があるかどうかかもしれないけど、どちらにせよ、二つのクラスの間で違っているのは生徒たちの気持ちや性格なんだという点では共通しています。

こうした考え方はもっともだと思えます。だいたい、こんなに大きな違いがあるんだから、二つのクラスの生徒の気持ちや性格が違っていないはずがないように思える。逆にいえば、二つのクラスのどちらも同じような生徒がいるとすると、そんな違いが生まれるはずがない。だから、こうした二つのクラスの違いを子どもたちの心の違いで説明するのは「心でっかち」じゃなくて、当たり前の考え方だと思えますね。

だけど、ほんとにそうだろうか？

◆いじめが起こる下向きの螺旋

そこで、想像上のクラスを考えてみます。クラスは一つだけで、そこにはいつも同じ生徒たちがいます。だから、このクラスでいじめが見て見ぬふりをされていたり、みんながいじめをやめさせようとしたりしていることがあるとすれば、その違いは生徒たちの気持ちや性格が違うからだということはできません。

このクラスには三〇人の生徒がいるとします。そして、「いじめのボス」が一人います。このボスが二人の仲間と一緒になって、一人の「いじめ被害者」をいじめています。残りの二六人は、いじめの被害にあっているクラスメートをかわいそうに思っていて、できれば「いじめ」をやめさせたいと思っているとします。だけど自分一人でボスに注意をするのは恐ろしくてできません。そんなことをしたら、今度は自分がいじめられてしまうんじゃないかと心配だからです。

だけど、何人かの仲間が一緒になってボスに注意をするのなら少し安心できるから、それなら自分も「いじめ阻止」の仲間になってもいいと思っています。「赤信号、みんなで渡れば怖くない」というのと同じで、みんなで一緒になって注意するんだったら自分が目立つこともないし、自分だけがいじめの対象になることはないだろうと思えるからです。

そこで、二六人のふつうの生徒たちは、ほかに仲間がいればいじめをやめさせる仲間に加わってもいいと思っているとします。ただし、仲間がどれくらいいれば安心だと思うかについては、人によって違いがあります。数人の仲間がいればそれで安心だと思う生徒もいれば、クラスのほとんど全員が仲間になっていないと心配な生徒もいます。

ここで、次の図①を見てください。中央にいるボスが二人の仲間と一緒に、一人の生徒をいじめています。まわりにはほかの生徒たちがいます。

この図では、ほかの生徒たちの頭の上には、自分のほかに何人の仲間がいれば安心だ

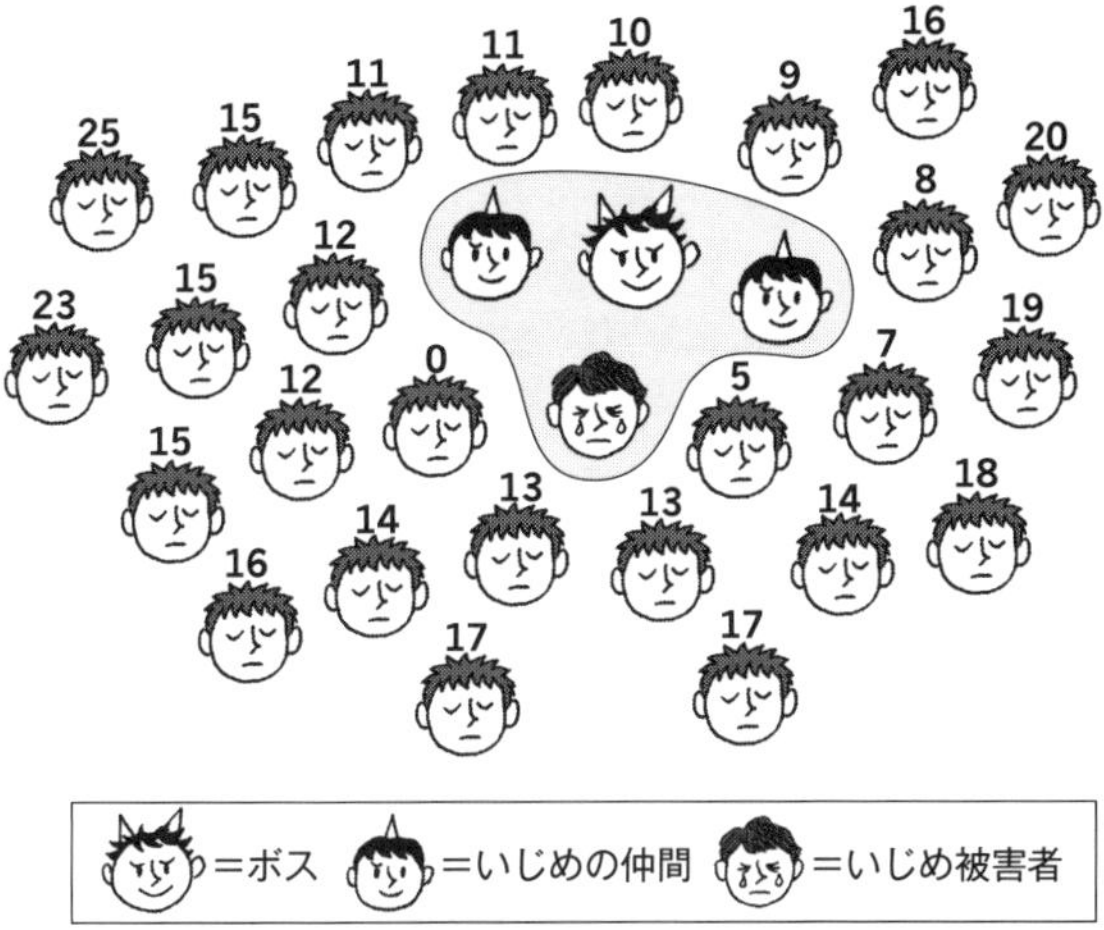

① 1人のボスが2人の手下と一緒に1人のいじめ被害者をいじめているクラス

と思っているかを示す数字が書かれています。その数字をこえる数の仲間がいれば、安心して「いじめ阻止」に加わります。

たとえば一番左側の生徒の頭には「23」という数字が書かれていますが、このことは、この生徒は自分以外に二三人の生徒が「いじめ阻止」側にいれば安心なので、自分もいじめ阻止に加わってもいいと思っているということを意味しています。

さて、このクラスで、最初に一四人の生徒がいじめをやめさせようとしていたとします。そうすると何が起こるでしょう？

図②は、最初に一四人の生徒が「いじめ阻止」に加わっている状態を示しています。この一四人は、いじめ阻止に加わるために必要な仲間の数が少ない方から数えて一四番目の人までです。具体的には仲間の数がゼロ人、五人、七人、八人、九人、一〇人の人がそれぞれ一人ずつ、一一人、一二人、一三人、一四人の人がそれぞれ二人ずつで、合計一四人です。

さてこの状態は、一四人の仲間が必要だと思っている二人（図②の四角で囲まれた二人）にとっては安心できない状態です。自分以外の仲間が一三人しかいないからです。そうなると、この二人はいじめ阻止の仲間から脱落することになってしまい、いじめをやめさせようと行動する生徒の数は一二人になってしまいます（図③）。

こうなると、いじめをやめさせようとする仲間から脱落して傍観者に戻ってしまう生徒は、この二人で終わりにならないんですね。実は二人が脱落すると、「いじめ阻止」の仲間たちは一二人になってしまう。そうなると、ほかに一三人の仲間がいないと心配だと思っている二人と、ほかに一二人の仲間がいないと心配だと思っている二人の、合

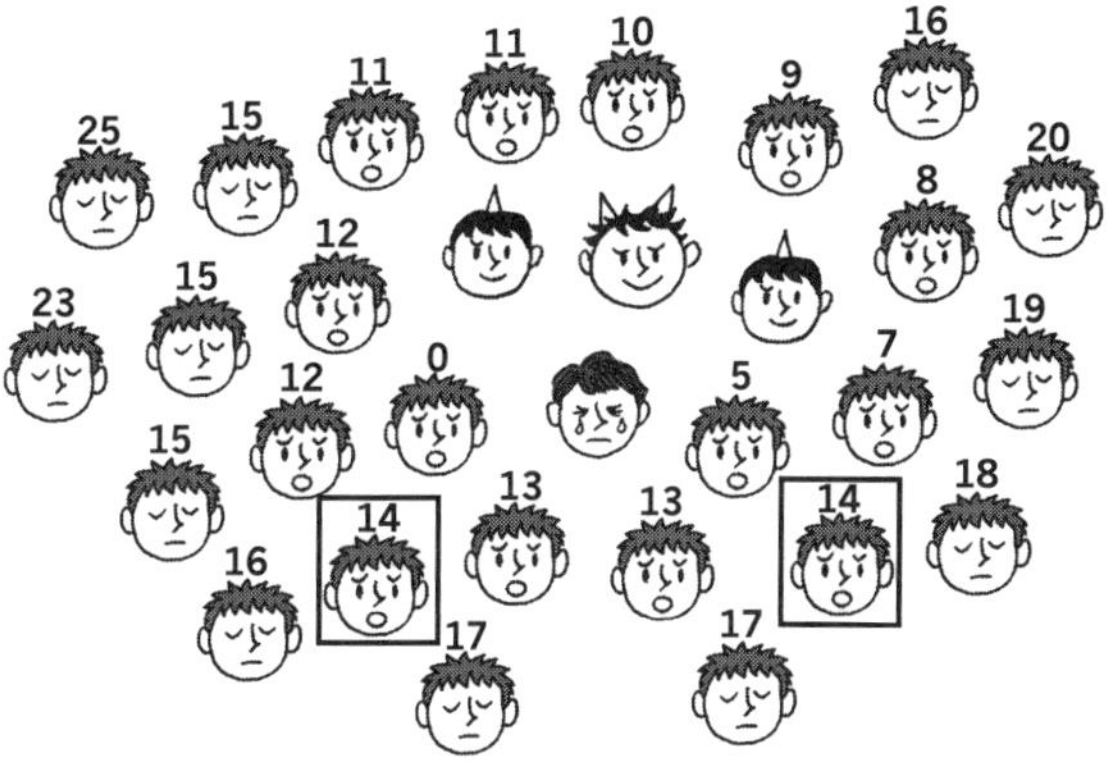
16
11 10
11 9
25 15 20
12 8
23 15 19
12 0 7
5
15 14 18
14 13 13
16 17 17

②

＝いじめ阻止
＝傍観者

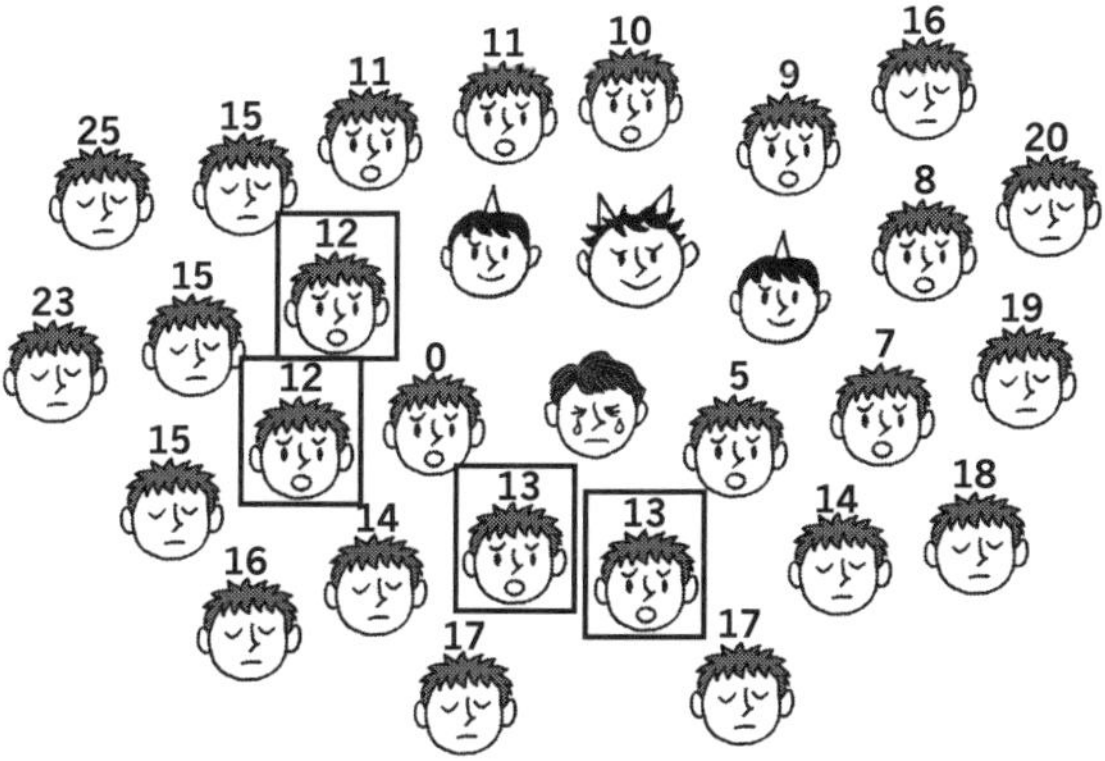
16
11 10
11 9
25 15 20
12 8
23 15 19
12 0 7
5
15 13 13 14 18
14
16 17 17

③

④

計四人（図③の四角で囲まれた四人）がいじめをやめさせようとする仲間から脱落してしまうんですね。

そろそろ、いじめをやめさせようとする生徒たちの旗色が悪くなってきました。最初は一四対三でいじめグループを圧倒していたのが、今では八対三になってしまいました。

ということで、今度は自分以外の仲間の数が八人以上必要だと思っている五人が新たに脱落し、残りは三人になってしまいます。

そうなると、ほかに七人の仲間が必要だと思っている生徒と、ほかに五人の仲間が必要だと思っている生徒も結局は脱落し、最後に残るのは、ほかに誰も仲間がいなくてもいじめを許せないと思っている、とても勇気のある一人だけになってしまいます（図④）。

いくら勇気のある生徒でも、一人だけでいじめグループに対抗するのは無理なので、結局いじめをやめさせることができないだけではなく、下手をするとこの勇気のある生徒も、「生意気な奴だ」ということで、いじめの標的にされてしまうかもしれません。

ということで、このクラスでは結局いじめグループが力を持って、最初にいじめられていた被害者と、いじめをやめさせようとした生徒が二人ともいじめられるという、困った状態が続いてしまうことになります。

ほかの二五人の生徒は、「いじめられてる生徒はかわいそうだし、いじめグループが大きな顔をしてクラスを牛耳ってるのはいやだなー」と思いつつ、いじめをやめさせようとすると自分も標的にされるのが怖くて何も言いだせません。

はじめは、いじめグループといじめ阻止グループの勢力が拮抗《きっこう》していたんだけど、だんだん阻止グループの勢力が弱くなって対抗できなくなってしまったんですね。これを「いじめの螺旋」と呼ぶことにします。ねじのように、一回りするたびに阻止グループの人数が減ることを下向きの「螺旋」と呼んでいるわけです。

◆いじめ阻止の上向きの螺旋

さて次に、最初に一五人が「いじめ阻止」の仲間にいた場合にどうなるかを考えてみます。一四人から出発した場合と比べると、最初の仲間の数が一人だけ多い場合です。一人くらい余分に加わっても何も変わらないじゃないかと思うかもしれないよね。だけど、今度は上向きの螺旋が働いて、最終的な結果が大きく変わってしまうんです。

そのことを説明するために、最初に一五人の生徒がいじめをやめさせようとしているクラスの状態から出発します。前に紹介した一四人に、一五人の仲間が必要だと思っている一人が新たに加わった状態です（図⑤）。

このクラスには、ほかに一五人の仲間がいれば安心していじめをやめさせる行動をとることができると思っている生徒が、実はもう二人います（図⑤の四角で囲まれた二人）。このクラスではすでに一五人が「いじめ阻止」に加わっているので、この二人は安心して新たにいじめ阻止の仲間に加わり、いじめ阻止のグループの数は一七人に増えます（図⑥）。

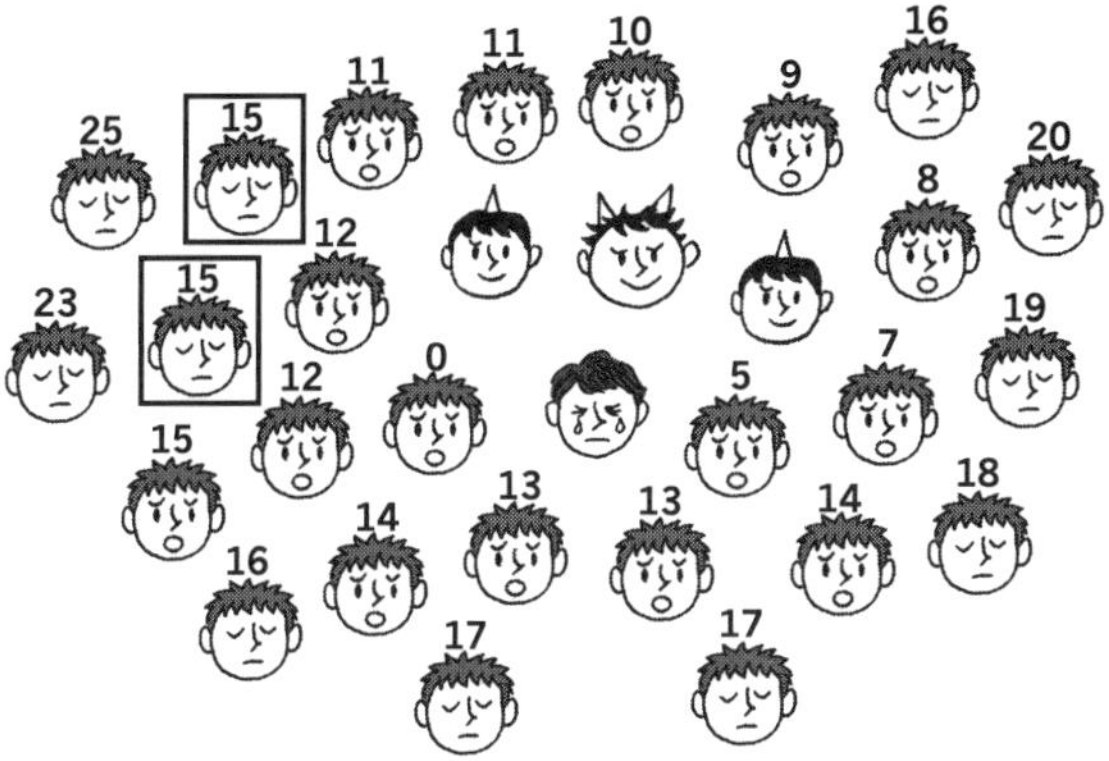
16
11
10
11
9
25
15
20
12
8
23
15
19
12
0
7
5
15
13
18
14
13
14
16
17
17

⑤

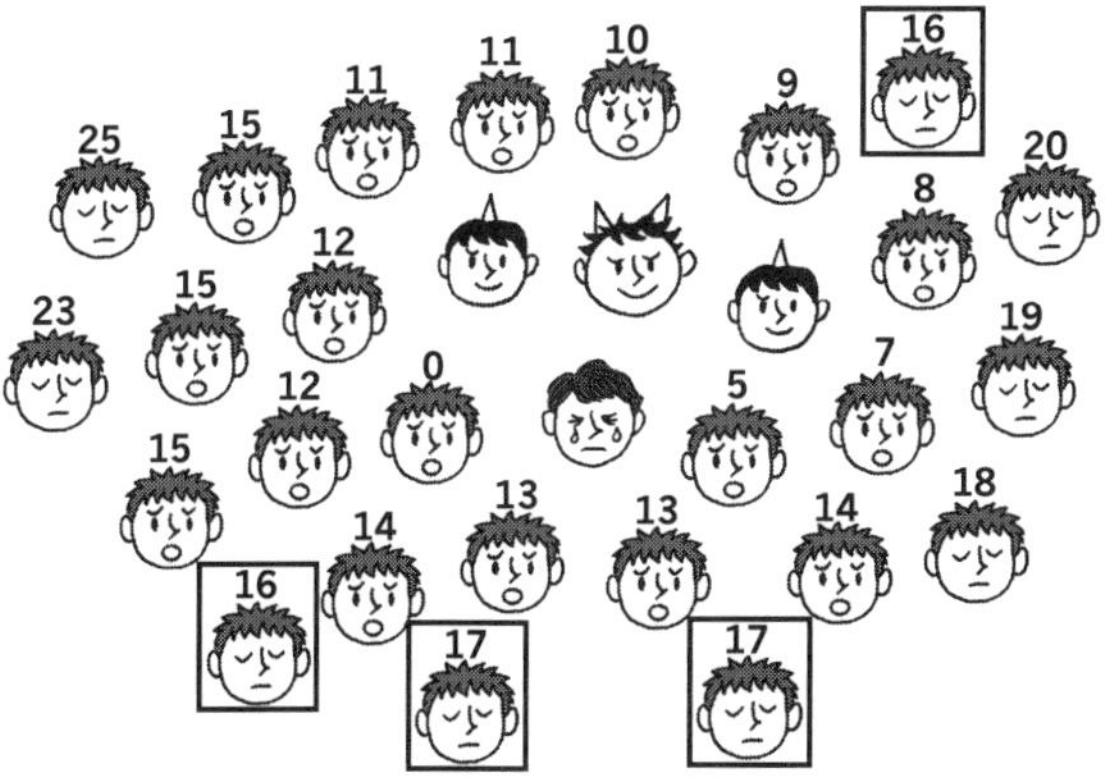
16
11
10
11
9
25
15
20
12
8
23
15
19
12
0
7
5
15
13
18
14
13
14
16
17
17

⑥

さて、新たに二人が「いじめ阻止」の仲間に加わって、いじめ阻止グループの人数が合計一七人になると、今度は、一六人の仲間がいれば安心だという二人と、一七人の仲間がいれば安心だという二人の合計四人（図⑥の四角で囲まれた四人）が新たに仲間に加わり、いじめ阻止グループの人数は二一人にまで増えます。これだけ人数が増えれば、いじめグループも勝手なことをしにくくなるでしょうね。

いじめ阻止グループの人数が二一人にまで増えると、一八人の仲間が必要だと思っている一人、一九人の仲間が必要だと思っている一人、二〇人の仲間が必要だと思っている一人を加えた、合計三人が新たにいじめ阻止グループに参加することになって、いじめ阻止グループの人数は一挙に二四人にまで増加するんですね。

そうなると、ほかに二三人の仲間がいなければ心配だと思っている生徒も参加し、最後にはほかに二五人の仲間が必要だと思っている、とても心配症の生徒も、いじめ阻止グループに参加することになります。

結局、いじめをやめさせようとしていた生徒の数が最初の場合よりもたった一人多かっただけで、このクラスに傍観者がいなくなり、クラスの全員がいじめ阻止グループに

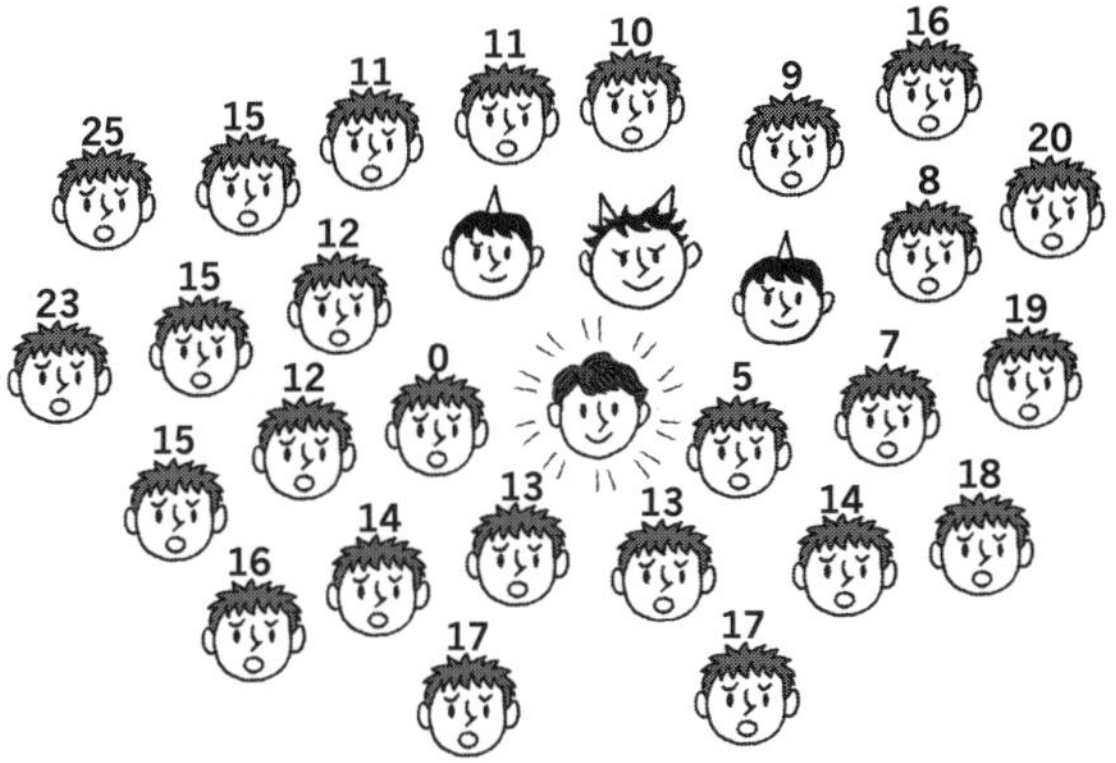

⑦

参加することになってしまいました（図⑦）。さすがにこれだけの生徒がいじめに反対するようになると、いじめグループも手を出せなくなって、このクラスからはいじめがなくなります。めでたし、めでたし。

ここで読者のみなさんに質問があります。あるクラスではいじめがはびこっていて、ほかの生徒たちは傍観者を決め込んでいます。一人を除いて誰もいじめをやめさせようとしません。別のクラスでは、クラスのほぼ全員がいじめを阻止しようとしていて、そのためいじめが起きていません。なぜこうした違いが生まれたのでしょう？

「いじめ」についての話を始めるときに、同じ質問をしたのをおぼえていますか？　その時の答えは、「二つのクラスの間で違っているのは生徒たちの心、つまり気持ちや性質なんだ」という答えでした。

ところがここでは、同じクラスで同じ生徒たちがいる場合でも、いじめが起こったり起こらなかったりすることがあることが示されています。ほぼ全員がいじめを見て見ぬふりをする場合もあれば、ほぼ全員がいじめ阻止の行動に参加する場合もあります。そしてその違いは、ほんの些細《ささい》な違い、最初に一四人の生徒がいじめ阻止行動をとっていたか、それとも一五人がいじめ阻止行動をとっていたかという違いで決まってきます。

だから、あるクラスでいじめがはびこっていて、誰もいじめを止めようとしていないからといって、そのクラスの生徒たちはいじめを楽しんでいるとか、臆病な生徒ばかりだということにはならないんですね。逆に、あるクラスではみんないじめをやめさせようと行動していて、実際にいじめが起こっていないからといって、そのクラスの生徒は思いやりのあるすぐれた倫理観の持ち主ばかりだとか、みんな勇気がある生徒なんだということにもなりません。

だけど私たちはつい、そうしたクラスの違いを、生徒たちの気持ちや性格の違いのせいにして考えてしまう。それ以外の考え方がありえるということさえ考えないまま、そうした「心でっかち」な考え方をしてしまうんです。

◆他者の行動が自分の行動を決める

この章では、クジャクの話といじめの話をしてきました。この二つの話を同じ章に入れたのは、二つとも同じことについての話だからです。つまり、二つとも「社会」についての話なんです。

ここで、第2章でした「しがらみとしての社会」についての話を思い出してください。雄クジャクが派手なハネを進化させたのは、雌たちがそうしたハネを魅力的だと思って、「このひとカッコいいわ」ということで交尾をさせてくれるからです。派手なハネを進化させると雌たちが寄ってくるというかたちで、雄には派手なハネを進化させるインセンティブがあったんですね。雌が寄ってこなければ、派手なハネは進化しない。

ということで、雄がどんなハネを持つようになるかは、雌の反応によって決まってくるんです。だから、そこには、「自分（雄クジャク）のとる行動に対してほかの人（雌クジャク）たちがどう反応するかが決まっている状態」としての社会が存在しているってわけなんですね。

それじゃあ、雌クジャクはどうして派手なハネをした雄に交尾をさせるのかというと、ひとつには派手なハネが健康の証拠になるからだけど、もうひとつは、ほかの雌たちが派手な雄に魅力を感じているから。だから、派手な雄と交尾をして派手なハネの男の子を生めば、その子がまたたくさんの雌と交尾をして、たくさんの子どもを残すことになる。

つまり、地味な雄じゃなくて派手な雄の子を生んだ方が、たくさんの孫ができる。だから、ここにも、「自分（雌クジャク）のとる（派手な雄クジャクの子どもを生むという）行動に対してほかの人（ほかの雌クジャク）たちが（自分の子に対して）どう反応するかが決まっている状態」としての社会が存在している。

雌は派手な雄に魅力を感じるという性質を持つことで、ほかの雌たちも同じような性質を持つことが有利になる環境を作り出している。あるいは雄たちが派手なハネを持ちたがる環境を作り出している。そして、そうやってみんなで作り出した環境にいることで、みんながそうした性質を持つようになっていく。

このことは、社会の中ではみんなが好き勝手に行動できるわけではなくて、あるやり方で行動しないとうまくいかないようになっているということを意味しています。それは、そうしないと自分が欲しいもの（クジャクの場合には、たくさんの子孫）を手に入れることができないから。じゃあなぜそうしたやり方で行動しないといけないかっていうと、ほかの人（鳥）たちが特定のしかたでその行動に反応しているから。これが「社会」なんだ。

「いじめ」の場合にも、同じことが言えるよね。それぞれの生徒がいじめ阻止グループに参加するかどうかは、ほかの生徒たちがいじめ阻止グループに参加しているかどうかによって決まってくる。同時に、ほかの生徒たちも同じように考えてどうするかを決めている。

言い換えると、いじめ阻止グループに参加するためのインセンティブは、同じような原理で行動しているほかの生徒たちの行動によって決まってくる。生徒たち自身がいじめ阻止グループに加わるかどうかを決めることで、彼ら自身にとって阻止グループに加わった方がいいかどうかについてのインセンティブを作り出しているわけだ。

第2章では、そうした、自分たち自身で自分たちの行動を縛り合っている状態を「社会」と呼ぶことにしたよね。

要するに「社会」というのは、みんながよってたかって、特定のしかたで考えたり行動したりするようにしている状態なんだ。あるクラスでみんなが「いじめ」に加担したり見て見ぬふりをしているのは、どうするのが自分にとって望ましいかがほかの人たちの行動によって決まってくるから。ある人数（ここで紹介したクラスでは一五人）以上の生徒が「いじめ」を止める行動をとっていれば、ほかの生徒たちの行動を変えるインセンティブが生まれて、いじめはなくなってしまいます。

つまり、あるクラスでみんなが「いじめ」を傍観しているのは、みんなが「いじめ」を傍観しているからなんだ。雌クジャクたちが派手なハネの雄を好む性質を持っているのは、みんながそういった性質を持っているからなんだ。

こういうと、なんだかごまかしているように聞こえるかもしれないね。同じことを繰り返しているだけで、何の説明にもなっていないんじゃないか、って。

だけどそう思ってしまうのは、社会で起こっていることについて単純な原因と結果という関係で考えようとしているからなんだ。この章で言いたかったのは、そのことなんです。

◆社会を理解する筋道

このことを説明するために、もう一度クジャクのハネの進化について考えてみよう。単純な原因―結果で考えると、雄クジャクのハネが派手になったのは、派手なハネが雌クジャクにモテるからだよね。じゃあ、なぜ派手なハネが雌クジャクにモテるかというと、ほかの雌クジャクが派手な雄クジャクに魅力を感じて交尾をさせてるから。

だから、単純な原因―結果として考えると、雌クジャクが派手な雄に魅力を感じるのは、雌クジャクたちが派手な雄に魅力を感じているからということで、「同じことを繰り返しているだけで説明になっていない」ことになってしまう。

もし「雌クジャクが派手な雄に魅力を感じるのは、雌クジャクたちが派手な雄に魅力を感じるからだ」という説明が「同じことを繰り返しているだけで説明になっていない」とすれば、ほかにどう考えたらいいんだろう？　何を言えば説明になるんだろう？「社会」であるできごと（クジャクのハネが派手になるというできごと、あるクラスでいじめが起こるというできごと）を理解するためには、単純な原因―結果という考え方からいったん離れて考えてみる必要があるというのが、この本でぼくが言いたいことの一つです。

もう少し言うと、単純な原因―結果という考え方をしないからといって、世の中のできごとについての説明を放棄することにはならないんだよと言いたいんです。

世の中のできごとを説明しようとすれば、まず必要なことは、一人ひとりがどういう原理で行動しているかを知ることだよね。

この章で話した例を使えば、いじめのクラスの生徒たちは、安心できれば「いじめ阻止」に参加するという原理で行動している。あるいは、クジャクたちのハネがどう進化するかは、どういうハネを持った子どもの数が増えるかで決まってくる。

これが分からないと、なぜある現象が存在しているのかが分かりようがない。進化の原理が分からないと、クジャクのハネがなぜ派手になったのかを説明できない。だけど、進化の原理がクジャクのハネが派手なことの原因じゃあないよね。同じ進化の原理に従って、さまざまな生き物がさまざまなかたちに進化しているんだから。

同じように、生徒たちが傍観者を決め込むかどうかが、「いじめ阻止」に加わってもどれくらい安全かどうかによって決まってくるということが分かっても、それだけではみんなが傍観者にまわるかいじめ阻止に参加するかは分からない。

だから、一人ひとり（一羽いちわ）の行動原理そのものは、社会の中で生まれるできごとの原因にはならない。重要なのは、みんながそうした原理に基づいて行動をした結果、どんな環境が生み出されるかなんだ。

たとえば、「いじめ阻止」に何人が参加しているかによって、同じ原理に従っても、参加した方が有利かしないほうがいいのかが変わってくる。あるいは、ほかの雌たちが派手なハネに魅力を感じているかどうかによって、派手なハネの雄を好きになった方が有利かどうかが変わってくる。

ということで、「社会」の中での人々（鳥々）の行動を説明しようとすると、一人ひとり（一羽いちわ）の行動原理と、そうした行動原理を持つ人や鳥の行動が生み出しているインセンティブの両方が、どう組み合わさるかが重要だということになる。この二つの組み合わせによって個人の行動が変化するし、その結果、社会環境そのもの（「いじめ阻止」に参加している人数、雌クジャクの好み）も変化する。そうなると、このプロセス全体が原因だと考えざるをえない。これを単純な原因―結果という枠組みで見ようとすると「同じことの繰り返し」になってしまうし、場合によっては「心でっかち」になってしまうんだよ。

第4章　ぐるぐる巻きの赤ちゃん――社会が分かるとは

これまで、第1章では、社会を理解するためには全体に目を向けないといけないということと、「心でっかち」な考え方から抜け出さないといけないということを話しました。

第2章では、社会というのは、私たちがある行動をとるとある結果が生まれる状態だということを話しました。ただし、何をすると何が起こるかということを決めているのは、私たち自身がほかの人の行動に反応する結果なんだ、ということも話したと思います。だから、私たちはお互いにほかの人の行動に反応しながら行動することで、ある行動をとるとある結果が生まれるという状態である「社会」を作り出しているんです。

第3章では、クジャクのハネの進化と「いじめ」の螺旋《らせん》を通して、「ほかの人の行動に反応しながら行動することで、ある行動をとるとある結果が生まれるという「社会」を作り出す」具体的なプロセスを見てきました。

第4章では、話を少し変えて、社会について「分かる」とか「理解する」というのはどういうことなんだろう、という話をしたいと思っています。

◆文化の違いってなんだろう?

かなり昔の話、ぼくがアメリカに留学する前の一九七〇年代前半の話です。ある洗剤の宣伝がテレビでさかんに流れていました。この洗剤のメリットはどんな温度でもきれいに洗えるということで、そのことをさかんに宣伝していたんですが、売れ行きはどうも芳《かんば》しくなかったようです。

ぼくは当時テレビのコマーシャルを見ながら、「どんな温度でもきれいに洗える」って、そんなことがどうして大切なんだろうと不思議に思っていたことを憶えています。どうしてそんなことを宣伝するんだろう、ってね。

ところがこの疑問は、アメリカに留学すると、あっという間に解けてしまったんですね。「あ、そういうことか!」って。

ぼくがアメリカに留学したのは一九七五年のことですが、当時の日本では、おふろの残り湯を洗濯に使う場合でなければ、洗濯は水道の水をそのまま使うのが普通でした。今でもこの点ではたいしてかわっていないんじゃないだろうか。みなさんの家の洗濯機は、洗濯に使う水の温度を調整できるようになっていますか？　そうなっている家庭は少ないんじゃないかな。

ところがアメリカで生活を始めてみると、洗濯機に温度調整のダイアルが付いていて、洗濯物の種類によって設定する水温をその都度切り替えるようになっているんですね。汚れがきつい綿製品の場合は熱いお湯を使い、普通の綿製品の場合にはぬるめのお湯を使う。型崩れのしやすい繊細な衣類の場合には冷たい水を使うといったふうに、洗濯に使う水の温度を選ぶようになっているんです。

だから、洗剤もそれぞれの温度に合ったものを使うのがふつうでした。冷たい水用の洗剤、お湯用の洗剤というふうに、いくつかの種類の洗剤を用意する必要があったんです。そこに登場したのが、すべての温度でうまく洗うことができる「全温度」の洗剤で、「これは便利だ！」ということでアメリカでは大ヒットしたんです。

それをそのまま日本に持ってきてアメリカと同じ売り込み方をしたのが、ぼくが不思議に思ったコマーシャルだったんですね。アメリカで暮らし始めてすぐに「あ、そういうことか！」と気がついたのは、コマーシャルを作ったアメリカの会社の人たちは、日本人は洗濯のために水の温度を使い分けていないことに気づかないで、アメリカと同じやり方で洗濯機を使っているだろうと思い込んでいたんだな、ということです。

これは、文化の違いについての鈍感さが生み出す馬鹿げた行動の一つの例ですが、こうした例はそれこそ無数にあって、いつも私たちの生活に多かれ少なかれ影響を与えています。

ここで紹介した洗濯の例は、違う文化、あるいは違う国で少しの間でもその国のふつうの人たちと同じような暮らしをしてみれば、すぐに気がつくことですね。たぶん全温度の洗剤を売り出したアメリカの会社の担当者の人たちも、日本での販売促進のために日本でしばらく暮らしていたはずですが、当時の日本人と同じような暮らしをしていなかったんじゃないでしょうか。高級ホテルか外国人用の高級アパートに暮らしていたんでしょうね。だから、ふつうの日本人がどうやって洗濯をしているかに気がつかなかったんだと思う。

しかし、文化の違いと言われているもののなかには、いくら現地の人たちと同じ暮らしをして、同じ考え方を身につけるようになっても、なぜそんな違ったやりかたをするのかとか、どうしてそんな文化の違いがあるのか良く分からないことがいっぱいあります。この章では、そういう違いを理解するということはどういうことなのかを考えてみたいと思います。

◆赤ちゃんをぐるぐる巻きにするのはなぜ？

さて、文化の違いを理解するということを考えるために、ここでひとつの例を取り上げてみることにします。スウォドリングと呼ばれる子育てのやりかたです。

スウォドリングというのは、赤ちゃんをぐるぐる巻きにして育てるやり方のことです。133ページの図4-1は「マリアの誕生」という題の一五世紀に描かれた絵だけど、この絵に登場する赤ちゃん、つまり産まれたばかりのマリア様の様子を見てください。ミイラのようにぐるぐる巻きにされてますね。

この赤ちゃんの絵からも分かるように、啓蒙《けいもう》思想が一般化する前のヨーロッパでは、こうして赤ちゃんをぐるぐる巻きにして育てるスウォドリングがふつうの家庭で一般的だったみたいなんだ。こうしたやり方が一般の家庭で使われていたことは、ルソーが『エミール』のなかで、当時のフランスで一般的だったこのスウォドリングを非人道的な育児法であると猛烈に非難していることからも分かるんですね。

正高信男《まさたかのぶお》さんという京都大学霊長類研究所の先生によれば、スウォドリングは中世ヨーロッパだけじゃなくて、世界の各地で広く行われていたようです。現在でも南アメリカ、中国西域部、モンゴル、ロシアなどの各地でまだ行われているということです。また日本でも、明治時代までは、出産直後から乳児をぐるぐる巻きにしてそだてる習慣が各地で行われていたようです。

さて、ここで読者のみなさんに考えていただきたい謎《なぞ》があります。なぜこのような一見「非人道的」に見える育児方法が世界の各地で広く行われてきたのかという謎です。なぜ、人類は世界のいろんな場所で、こんなやり方で子育てをしてきたんでしょう?

まず最初に思いつく説明は、育児からの「手抜き」だろうという説明ですね。ルソーもそう考えたようです。

図 4-1　バルトロメオ・ヴィヴァリーニ「スウォドリングされたマリア」（1473 年）

ルソーの生きていた時代のフランスでは、都会暮らしの母親が自分で子どもを育てるのはまれで、多くの場合は田舎の乳母のもとに送って育ててもらっていたんですね。そうして育てられる乳児は、育児に手がかからないようにと、ぐるぐる巻きにして育てられていました。お乳が欲しいとか、気分が悪いといって泣き叫んでも、ぐるぐるまきにして放っておいて、乳母の都合のいいときにだけお乳をやることができる。だから育児に手がかからない。

これは母親や乳母にとっては都合のいい育て方だけど、ぐるぐる巻きにされる赤ちゃんにとっては残酷な育て方だとルソーは考えたんです。

それでは、世界の各地で広く普及していたスウォドリングは、育児における手抜きのための手段だと考えていいんだろうか？　現代のぼく達の目から見ると、どうもそのように思えますね。都会暮らしのインテリであったルソーの目にもそう見えたらしい。しかし、スウォドリングをしている親たちは、スウォドリングを育児の手抜きのために行っているんだろうか？

もちろん、「あなたは育児の手を抜くために赤ちゃんをぐるぐるまきにしてるんですか？」と尋ねられて、「そうですよ」と答える母親はいないでしょう。ほんとうはそうだとしても、そんな言い方をされると「そんなことはないですよ」と答えてしまうのが人情だから。

そこで正高さんは、今でもスウォドリングをして子育てをしている人たちがいるアイマラ族の様子を観察するために、ボリビアの山の中まで出かけました。そして、同じ村の中で、スウォドリングをされている赤ちゃんと、スウォドリングをされていない赤ちゃんが、まわりの人たちからどれくらい世話を受けているかを調べてみたんですね。

もし育児の手抜きが目的なら、スウォドリングをされている赤ちゃんは、スウォドリングをされないで普通に育てられている赤ちゃんに比べて、まわりの人たちから世話を受ける程度が少ないはずだろうと正高さんは考えたんです。そして、それがほんとうかどうかを確かめようとしたんですね。

それで、正高さんが調べたところでは、同じ村の中でスウォドリングをしている世帯としていない世帯との間に月収などを見ても大きな差が見られないことが分かりました。そしてまた、スウォドリングされている赤ちゃんとされていない赤ちゃんが受ける世話の量にも、ほとんど差がないことが分かりました。

たとえば、オムツに相当する下着をどれくらい頻繁に取り替えてもらえるかには、統計的に意味のある差を見つけることができなかったということです。むしろ、統計的には有意じゃないんだけど、スウォドリングされている赤ちゃんのほうがされていない赤ちゃんより下着をより頻繁に取り替えてもらっていたんですね。また、赤ちゃんがどれくらい頻繁に母親やまわりの人たちから抱き上げてもらったり、頬《ほお》ずりをしてもらったりしているかという点でも、スウォドリングされている赤ちゃんとされていない赤ちゃんの間に差は見られなかった。まわりの人たちからどれくらい頻繁に話しかけられているかにも差はみられませんでした。

ということで、少なくとも正高さんが調べたアイマラ族に関して言えば、スウォドリングは育児の手を抜くための手段であるようには思えません。

それでは、アイマラ族の人たち自身は、なぜ赤ちゃんをぐるぐる巻きにして育てるやり方をしているのでしょう？　アイマラ族の人たちにたずねてみれば、なぜ赤ちゃんをぐるぐる巻きにして育てているか分かるんじゃないだろうか？

そこで、正高さんはスウォドリングをしているアイマラ族の人たちに、「どうしてそんなことをしているんですか？」とたずねてみました。そこで出てきた答えは、ぐるぐる巻きにして育てると子どもの姿勢が良くなるからというものだったんです。それ以外の答えもあったけど、一番多かったのは姿勢が良くなるからという答えでした。

ちなみに正高さんによると、二〇世紀初頭にフランスの農家でスウォドリングをしていた人たちにたずねた聞き書きの記録にも、同じような理由が書かれていたということです。

正高さんは、また、日本で若い頃にスウォドリングを実際に体験したり身近に見聞きしたことのあるお年寄りをみつけて、その人たちにスウォドリングをしていた理由についてたずねてみました。

日本でも明治のころまでは赤ちゃんをぐるぐる巻きにして育てるやり方が、全国で広く行われていたんですね。だから、まだそうしたやり方で自分の家族やまわりの家族が赤ちゃんを育てているのを見たことがあるお年寄りがいるんです。

正高さんがそうしたお年寄りに話をうかがったところ、日本では、赤ちゃんをぐるぐる巻きにして育てるのは子どもの姿勢を良くするためだと答える人はほとんどいませんでした。それよりは、赤ちゃんの中に入ったばかりでまだ安定していない先祖の霊魂が、ふらふらと迷いだして霊魂の棲家《すみか》である裏山に戻っていってしまわないようにするためだといった説明が、もっとも一般的だったということです。

◆「理解」と「説明」の違い

さて、読者のみなさんは、赤ちゃんをぐるぐる巻きにして育てるスウォドリングの理由について、なぜそんなやり方をするんだと思いますか？　育児の手抜きじゃないとしたら、いったいどんな理由があるんだろう？

ぼくがインターネットを使って「スウォドリング」を検索したところ、面白い意見が出ていました。スウォドリングをすると、赤ちゃんが子宮の中にいるような気になって安心でき、夜泣きなどをしにくくなるという意見です。

正高さんもこの説を実際に検討して、スウォドリングには赤ちゃんを安心させ大人しくさせる効果があることを確かめています。

しかし、正高さんがボリビアやインドネシアや日本で実際にスウォドリングをしている人たちに行ったインタビューで、赤ちゃんをぐるぐる巻きにすると赤ちゃんが安心して落ち着くという理由を述べた人はほとんどいませんでした。だから、スウォドリングをすると赤ちゃんが安心するというのが本当だとしても、実際にスウォドリングをしている人たちは、そんなことが理由で赤ちゃんをぐるぐる巻きにしていると思っているわけじゃないんですね。

こうやって考えてみると、なぜ赤ちゃんをぐるぐる巻きにして育てるのかという理由は、どういうことなんだろうかという疑問がわいてきます。何が分かったら、スウォドリングの理由が分かったと言えるんでしょうね？

というわけで、ここで少し、社会で起きるさまざまなできごとや現象を理解するとか説明するということについて考えてみたいと思います。

私たちはあまり気にしないで、何かを「理解」するとか「説明」するという言葉を同じように使っているけど、もう少し詳しく考えてみると、実はこの二つの言葉は意味が違っています。

まず、「説明」は、ある現象を生み出す因果関係が分かったときに使う言葉です。たとえばある患者が高熱を出している原因が特定のウイルスのせいだということが分かったとき、その高熱の原因が「説明」できたということになる。

これに対して、自分の子どもが高熱で苦しんでいるのを見た母親は、その苦しみをよく「理解」できるよね。だけど、だからといって、「その母親は子どもの苦しみを説明できる」とは言わない。

どうしてそう言わないかというと、「理解」という言葉は共感が成立したという意味でも使われるからなんだ。子どもが経験している苦しみを母親が共感する、つまり自分の苦しみとして感じているときには、母親は子どもの苦しみを理解したといえる。子どもの苦しみという、子どもにとっての高熱の経験を母親が共有するということが、母親が子どもの苦しみを「理解」するということなんだ。

だけど、こうした共感が成立していても、その母親は子どもの苦しみの原因を「説明」したことにはならない。

このように、「分かる」ということには、説明できるという意味と、理解できるという意味の、二つの意味が含まれているんだよ。そして、「なぜ」「どうして」という問いをぼく達が問うときには、どちらの意味で「分かりたい」のかが、暗黙のうちに前提とされているんですね。どちらの意味なのかは、口で言わなくても聞き手にはすぐ分かる。「理解できない」凶悪犯罪がマスメディアで報じられると、私たちはつい、「犯人は、どうしてそんなことをしたのだろう」と考えてしまうよね。このとき私たちがその犯罪を「理解できない」と思うのは、自分がその犯罪者の立場になったとしても、その時の自分の気持ちを考えると、とても自分がそのような犯罪を犯すとは思えないから。

しかしその犯罪者がある種の精神障害の持ち主であったことが分かれば、その犯罪行動を理解できないながら、その行動を精神障害によって生み出された行動として「説明」することはできるはずです。

◆エミックとエティック

文化が違っている人たちの行動や慣習が「理解」できるとか、「理解」できないとかいう場合にも、同じことがあてはまりますね。私たちから見ると「なぜそんなことをするんだろう」と思えることについて、その文化で暮らしている人たちが考えたり感じたりしているのと同じように自分も考え感じていると思えたときに、「なぜそんなことをするのかが理解できた」ということになるんですね。

だけど、こうした「理解」できるという意味で分かったからといって、そうした行動や慣習が「説明」できたことになるわけじゃない。「なぜ」とか「どうして」という問いに対する「説明」を求めている人にとっては、そのことを「理解」できるだけでは、「なぜ」とか「どうして」という問いに対する答えにはならないから。

たとえば、スウォドリングについて考えてみよう。「なぜ」そんなしかたで子育てをするのだろうという問いは、実は今言った二つの異なった問いを意味しています。

一つの問いは、理解をしたいという気持ちがもとになっている問いです。子どもをぐるぐる巻きにして育てている人たちは何を考えてそうしているのかが分かれば、スウォドリングをする理由が「理解」できたことになる。文化の違いについてこうした「理解」を求めるアプローチは、文化人類学者や文化心理学者、あるいは比較文化心理学者によってエミックなアプローチと呼ばれています。

読者のみなさんはこんな変な言葉を覚えておく必要はないけど、ここでの説明にとって便利な言葉だから、この章では我慢して使うことにします。

さて、アイマラ族の村でしばらく暮らすなかで、アイマラ族の人たちが子どもをぐるぐる巻きにして育てるのは、子どもの姿勢を良くしたいと思ってるからだと分かったとします。ただし、それだけじゃ、アイマラ族の人たちがスウォドリングについてどう思っているかを十分に理解できたことにはならない。

それを十分に理解するためには、子どもの姿勢を良くするということがアイマラの人たちの暮らしの中でどれくらい大切なことなのかとか、ぐるぐる巻きにしないで子どもを育てることがいいことだと思っているかとかいった、アイマラの人たち自身がスウォドリングについてどう感じ、どう考えているかが自分にも同じように分かったときに、アイマラの人たちがなぜスウォドリングをするのかが理解できたことになるんですね。

文化の違いが分かるということは、こうした理解ができるようになるということなんだと考えている人たちにとっては、その文化で暮らしている人たちに対する共感的な理解が欠けたまま因果関係を明らかにするという意味での説明は、日本で全温度の洗剤を売り出そうとしたアメリカ人がしたのと同じことだと思えてしまう。子どもの苦しみを理解したいと思っている母親にとって、その苦しみがどのような種類のウィルスによって引き起こされたものなのかが分かっても、子どもの苦しみが分かったことにはならないのと同じです。

これに対して、もう一つの問いは説明を求める問いです。つまり、スウォドリングという子育てのしかたがなぜいろんな社会で生まれるのかという理由を知りたいという問いです。

そういう説明を求める問いに対しては、「子どもの姿勢が良くなるから」という答えはまったく役に立ちません。だって、昔の日本人はそんなことをこれっぽっちも考えないで、赤ちゃんをぐるぐる巻きにして育てていたわけだから。こうした説明を求める「なぜ」に対しては、スウォドリングをしている本人がどう思っているかは、それ自身では答えになっていないんですね。

たとえば、「スウォドリングをするのは、そうすると赤ちゃんが安心するから」という答えは、理解ではなく説明を求める問いに対する答えですね。だから、「赤ちゃんが安心するから」という理由をスウォドリングをしている人たちが誰も口にしないからといって、それだけでは、この答えが間違っていることを意味しません。赤ちゃん安心説が正しいかどうかは、スウォドリングをしている人たち自身がそのことを理解しているかどうかじゃなくて、その説明が正しかったときに起こるはずのことが実際に起こっているかどうかで判断しないといけない。

たとえば、地球上には近代文明の影響をあまり強く受けていない社会がいくつかあります（もちろんこれは相対的に影響が少ないということで、近代文明の影響を全く受けていない社会が存在するとは思えません）が、そういった社会の間でも、スウォドリングをしている社会もあれば、していない社会もあります。たとえばアフリカ南部のボツワナを中心に広がるカラハリ砂漠に住むサン族は、スウォドリングと対極の育児法を使った子育てをしていることでよく知られています。

サン族の母親は、赤ちゃんをいつも抱っこしているんですね。だから、赤ちゃんがお乳を欲しがると、すぐにお乳を飲ませることができる。こうした極端な違いがアイマラ族とサン族の間になぜあるのかは、スウォドリングをすると赤ちゃんが安心するという赤ちゃん安心説では説明できませんね。

スウォドリングについての赤ちゃん安心説が正しいかどうかは別として、この赤ちゃん安心説は、スウォドリングに対する「理解」につながるというよりは、スウォドリングがなぜ生まれるのかとか、なぜ人々がスウォドリングを続けているかを説明しようとする考え方です。こうした「説明」は、エミックと対比される、エティックなアプローチと呼ばれています。

この言葉も変な言葉だけど、この章では我慢して使うことにします。

こうしたエティックなアプローチからの説明は、エミックな問いを追究する人々にとって意味を持っていません。子どもがどんなつらい思いをしているかを理解し、子どもとその思いをともにしたいと思っている母親にとって、子どもの病気がどのウィルスのせいかが分かっても子どもの気持ちを理解するのには役に立たないのと同じです。

それとはまったく逆に、エティックな問いに対する説明を求めている人にとっては、相手の気持ちや感情を共有できるかどうかは意味がないですね。ある病気の原因を突き止めたいと思っている医学者にとっては、その病気の子どもを持つ母親の気持ちを理解できたからといって、病気の原因の解明には何の役にも立たないわけだから。

◆動物の繁殖行動についての理論を当てはめてみると……

エミックな立場から違う文化を理解するということは、みんながあたりまえのこととして受け入れているその文化の常識からみて、「そりゃあ、こういうことなんだよね」と納得できるようになるということです。

もうちょっと別のいい方をすると、理解すべき対象を、みんなが共通に受け入れている世界についての全体的な常識の中にはめ込んでいく、ジグソーパズルのようなものだと言ってもいいでしょう。ある断片がジグソーパズルのどの部分にはめこむピースなのかが分かったときに、そのピースの意味が理解されたことになるというわけです。

これに対して、エティックな立場から文化の違いを説明しようとする研究では、説明対象の現象が、ある理論体系から論理的に導き出されることが示されたときに、その現象が説明されたことになるんですね。

こうしたエティック・アプローチで使われる理論は、多くの場合は科学的な理論です。

（ただし、科学的ではない理論を使ったエティックな説明も可能です。たとえばある宗教の教理にもとづいて異教徒の行動を「悪魔の仕業」として説明する場合にも、その説明はエティックな説明ですね。ただしここでは、エティックな説明のもとになる理論が基本的には科学的な理論だとして話を進めます。）

ここでスウォドリングに戻って、エティックな立場からの、いわゆる科学的な説明について紹介することにしましょう。この説明は、正高さんが考えた説明です。

正高さんはまず、世界中からスウォドリングについて分かっている事実を集めたんですね。世界中のどの文化でスウォドリングが行われていたか、あるいは行われているかを文献を使って調べて、その分布が特定の地域に限られるものではないことを確認しました。さらに、先に紹介したように、アイマラ族の村に出かけて行って、そこでスウォドリングが実際にどのようにされているかの実態を観察しました。

こうした事実の収集は、スウォドリングを説明するという目的にとっての準備作業です。とても大切な準備作業なんだけど、この作業をいくら続けても、事実の収集だけから自動的に説明が生まれてくるわけじゃあない。

そもそも、実態を観察するといっても、「理論」がなければ何を観察したらいいのかを決めることさえできないんですね。逆に言えば、何を観察すべきなのかを教えてくれるのが理論なんです。現実をぼーっと眺めていただけでは見えてこないものがある。そうした場合には、私たちは理論をサーチライトとして使うことで、無数にある「現実」の中から観察すべきものを明るみに引き出すんですね。

さて、正高さんも、スウォドリングを説明するために、世界中からたくさんの事実を収集するだけではなくて、そうした無数にある事実の中のどの事実に目をつけるかを見つけるために、ある理論を使いました。どのような理論を使ったかというと、正高さんの場合には、動物の繁殖行動を説明するr-K戦略についての理論を使ったんです。正高さんは人間の子育てについての研究をしていますが、出身はサルをはじめとする動物の研究者なんです。そこで、動物の子育てについての理論を人間の子育てにもあてはめてみるということを試してみました。

人間を動物扱いするなんてけしからんとか、それこそアメリカ社会での生活を前提とした売り込み戦略をそのまま日本にあてはめてしまった全温度の洗剤と同じような、見当外れの理論じゃないかと思う人がいるかもしれませんね。それはそうなのかもしれません。けれど、人間も動物の一種なんだから、動物一般に当てはまる理論が人間にだけあてはまらないと考える方がおかしい気もします。

そこで正高さんが使ったのが、r戦略とK戦略という、動物の繁殖のしかたについての理論です。たくさん子どもを産んであまり手をかけないで育てる繁殖のしかたがr戦略、少しだけ産んだ子どもに手をかけて育てるのがK戦略です。さて、この動物の繁殖行動に関する理論が、スウォドリングと一体どう関係しているのでしょう?

動物の繁殖行動についての理論がスウォドリングに関係してくるのは、スウォドリングも子育てのしかた、つまり繁殖行動の一種として考えることができるからです。人間はほかの動物たちと違うんだという思い込みを捨てて、スウォドリングを繁殖行動の一種として考えることで、r-K戦略という動物の繁殖行動に関する理論から、注目すべき現象が導き出されることになった。それは、そうした戦略として考えると、出産間隔、つまり一人の赤ちゃんを産んだ後で、もう一人の赤ちゃんを産むまでの期間がどれだけあるかという点に注目することになるからなんだ。

もっと具体的にいうと、スウォドリングをすることで出産間隔が短くなるという点に正高さんは注目したんですね。出産間隔が短いということは、たくさんの子どもを産むことができるってこと。だから、r戦略として考えることができる。

なぜスウォドリングをすると出産間隔が短くなるかというと、スウォドリングをしているお母さんたちはスウォドリングをしないお母さんたちに比べて、赤ちゃんに母乳を与える間隔が長くなるからなんです。いつも赤ちゃんを抱っこしているサン族のお母さんたちは、少し赤ちゃんがむずかるとすぐにお乳を飲ませるんだけど、赤ちゃんをぐるぐる巻きにして置いておくアイマラ族のお母さんたちは、自分の都合のよい時間になるまでお乳を飲ませないんですね。だから、一度お乳を飲ませてから次に飲ませるまでの間隔が長くなる。

そこで正高さんは、アイマラ族の村でスウォドリングをしているお母さんたちとスウォドリングをしないで子育てをしているお母さんたちが、それぞれどれくらい頻繁に赤ちゃんにお乳を飲ませているかを調べてみました。するとやっぱり、スウォドリングをしているお母さんたちの方が、赤ちゃんにお乳を飲ませる間隔が長いことが分かったんです。

赤ちゃんに頻繁にお乳を飲ませているお母さんたちは、赤ちゃんがかなり大きくなるまでお乳が出続けるんですね。逆に、お乳を飲ませる間隔が長いお母さんたちは、早めにお乳が出なくなるんです。そして、お乳が出続けている間は次の子どもを妊娠しないから、頻繁にお乳を飲ませているお母さんたちは、なかなか次の赤ちゃんを妊娠しない。だけど、スウォドリングをしていて授乳間隔が長いお母さんたちはすぐにお乳が出なくなるので、すぐに次の赤ちゃんを妊娠できるようになります。

こうして考えると、スウォドリングは、出産間隔を短くして多くの子どもを産むための方法なのかもしれないということに気がつきます。つまりスウォドリングは、できるだけたくさんの子どもを産む繁殖戦略であるr戦略なんだ、ということに気がつくんですね。

正高さんは実際に、アイマラ族の女性が赤ちゃんを産む出産間隔を調べて、スウォドリングをしているお母さんたちは、スウォドリングをしていないお母さんたちよりも短い間隔で赤ちゃんを産み続けていることを確かめています。

◆理論は暗闇を照らすサーチライト

おもしろいですね。スウォドリングをしているお母さんたちとスウォドリングをしていないお母さんたちが、次の赤ちゃんを妊娠するまでの期間が違っていることが分かったんだけど、それは正高さんが動物の繁殖戦略についての理論を人間にあてはめて考えたから分かったことなんだよ。

そうした理論を知らなかったり、知っていても人間は違うんだと思い込んでいたら、スウォドリングをしているお母さんたちと、スウォドリングをしていないお母さんたちが、どれくらいの間隔で次の赤ちゃんを産んでいるかを調べてみようと思わないからね。だから、こうした事実があることに気づかないままになってしまうよね。

つまり、動物の繁殖戦略についての理論を手掛かりにして人間の育児の仕方を見るということは、その理論を、暗闇を照らすサーチライトのようにして使うことで、それがなければ見えないこと、見ようとしないことに目を向けるということなんです。理論的にものを考えることが重要なのは、普通は見えないものを理論が見えるようにしてくれるからなんです。

スウォドリングが子どもをたくさん産むr戦略だとすると、その反対のK戦略、つまり少しだけ子どもを産んで手をかけて育てるやりかたの代表が、カラハリ砂漠に暮らすサン族なんですね。サン族は狩猟民で、農業を主とするアイマラ族とは育児戦略も違ってくるはずだと正高さんは考えました。というのは、サン族の子どもを一人前の狩人《かりゅうど》に育てるためには、長い訓練期間が必要だから。

つまり、サン族の男の子を一人前の狩人にするには大きな手間ひまと時間が必要なんですね。だから、たくさんの子どもを産んでいたのでは、狩人教育に手が回りかねることになってしまう。そのために、子どもの数を減らすことが必要になってくるんだと正高さんは考えました。

実際、サン族では、短い間隔で産まれた赤ちゃんは間引きして、子どもの数を制限することが知られています。子どもの数を一人か二人にして、十分な教育を与えるようにするという、現代の日本の子育てと似てますね。少なく産んで手厚く育てるという現代の日本や西欧の国々のやり方は、実は狩猟民の子育ての現代版なんです。

r K

つまり、サン族のお母さんたちが赤ちゃんを肌身離さずに抱きかかえ頻繁にお乳を飲ませるという子育てをするのも、狩猟採集民のサン族が少なく産んでしっかり育てるというK戦略をとっていることによって説明されますね。サン族のお母さんと赤ちゃんの間には、スキンシップを通した強い愛着関係が存在している。こうした密着した育児は、子どもが二歳くらいになるまで続くんです。こうした子育てをしているとお母さんの授乳が長く続いて、その間は次の子を妊娠しなくなる。だから、産まれてくる子どもの数を減らすのに役に立つんですね。

こうして妊娠の間隔を長くして、また時には子殺しをして育児間隔を延ばして、一人ひとりの子どもに一人前の狩人になるための十分な訓練をほどこすようにするというのが、サン族の「密着型育児」の意味なのだと正高さんは説明しています。これに対してアイマラ族がスウォドリングをするのは、一人ひとりの子どもの訓練にそれほど手をかける必要がないので、なるべくたくさんの子どもを産むために役に立つからだという説明です。

正高さん自身は、サン族やアイマラ族の子育てのやり方を説明するために、直接にr

戦略、Ｋ戦略という言葉は使ってはいません。また正確に言うと、生物学で用いられているｒ戦略、Ｋ戦略の理論と、ここで紹介された少産投資型のサン族の育児方式や多産放置型のアイマラ族の育児方式とが必ずしも同じことを意味しているわけではありません。しかし、アイマラ族の研究をした正高さんが、生物学で使われているｒ‐Ｋ戦略についての理論を知っていなければ、同じ村に住むアイマラ族のなかでスウォドリングをしている母親としていない母親の出産間隔の違いに目を向けることはなかったでしょう。

◆理論を使って社会を理解するメリット

この本は社会に出るのが不安な若い人たちに向けて書かれています。

社会に出るのが不安なのは、社会というのは良くわからない場所だからですね。社会というのは形の見えない化け物みたいで、いつ不意を突いて襲ってくるか分からない。自分では何もおかしなことをしていないと思ってるのに、まわりから馬鹿にされたり非難されたりする。

そんな目に合わないようにしようと思っても、相手の姿が見えないから、何に注意すればいいのか分からない。

ぼくも若かったとき、そうですね、中学生や高校生だったときには、社会が怖いと思ってました。だからぼくは、この本を、そんなふうに思っている人たち、特に若い人たちに向けて書いているんです。

「そんなふうに思っている人たち」と書きましたが、ここで、男性的な脳と女性的な脳の違いについて、ごく簡単に触れておきたいと思います。というのは、社会が怖いと思いやすいのは、男性的な脳の持ち主（その多くは男性ですが、中には女性もいます）にかたよっているからです。

男性の脳と女性の脳では、赤ちゃんが子宮の中にいるときに大量のアンドロゲン（男性ホルモン）にさらされたかどうかが違っているので、神経細胞の結合のしかたや、その結果生まれる心のはたらきかたもかなり違っています。そうした違いはもちろん人によって程度が異なるので、一人ひとりの男性と女性を比べてみると、ある男性のほうがある女性よりも女性的な働きをする脳の持ち主だということはよくあります。けれど、平均的な脳の働きを比べてみると、男性の脳と女性の脳とはかなり違っているんですね。

脳の働きの男女差については大量の研究がありますが、非常に大まかにまとめると、男性の脳は世の中のしくみをメカニカルにとらえるのに適したようにできていて、女性の脳はまわりの人たちの気持ちになって他人を理解するのに適しているということができます。

だから、女性的な脳の持ち主にとっては、ほかの人たちと気持ちを通わせたり、ほかの人たちの気持ちを理解してうまくつき合っていくのは自然なことで、あまり苦労しなくてもそうしたことが簡単にできるんですね。特に努力をしなくても、まわりの人たちが感じていることや考えていることに自動的に注意が向くようになっている。

だけど、男性的な脳の持ち主にとっては、ほかの人たちが何を感じ何を考えているかに自動的に注意が向いているわけじゃあないし、極端な言い方をすると、ほかの人たちの気持ちや考えに注意を向けるためにはかなりの努力をしないといけない。そうした傾向がもっと極端になると、ほかの人たちの気持ちを理解するのがうまくできなくて、世の中に適応するのが困難になってしまうんだ。

それほど極端ではなくても、男性的な脳の持ち主の多くにとっては、世の中とか社会とかいった、ほかの人たちがうろうろしている場所は突然お化けが飛び出してくる迷路のようなもので、そうした場所に直面するとびくびくしてしまうのはあたりまえなんだよ。ほかの人たちがどんな反応をするかは、ちゃんと考えないとよく分からないから。

そうした人たちはただでさえ苦労しているのに、「あいつは人の気持ちが分からないやつだ」とか、「共感性が足りない」とか非難されたりして、ますます生きづらくなってしまう。それに加えて、他人の気持ちが分からない人たちが増えるのは家庭や学校での教育がいけないからだといって親や教師が非難されたりすると、子どもたちは自分の存在そのものを否定された気になってしまう。

もちろん、男性脳の持ち主がすべて共感が苦手だとか、ほかの人と上手くやっていけないというわけじゃあない。そうしたことが得意な人もいるし、ちょっとだけ苦手だけど何とかなるという程度の人たちもたくさんいると思う。そうしたことが上手くできない人たちは、自分の苦手な点を得意なやりかたでうまくカバーできれば、ほかの人にはできないユニークな生き方ができるようになると思うんですね。

そうした人たちが得意なのは、さまざまなできごとや現象の中からなんらかの規則性を見つけ出して、そうした規則性を使って自分のまわりの世界に働きかけることなんだ。だから、ある程度極端な男性脳の持ち主にとっては、理論的に社会を理解することで、共感性に欠けている点を補うことができるようになると思う。

このことをさっき紹介したエミックとエティックのアプローチを使って考えてみると分かりやすいかもしれない。エミックのアプローチをする人は、ほかの人たちの気持ちになって考えているし、そうした人たちにとってはまわりの人たちとうまくやっていくのは自然なことなんだ。だから世の中は居心地がいいところだと思う。

だけど、そうできない人は、理論を使ってほかの人たちの行動や社会を理解するしかないんですね。この本は、そうした人たちが社会を説明するためのコツについての本だと考えてください。

ぼくは、女性脳が得意とするやり方でほかの人たちの気持ちを理解することが苦手だからといって、そういう人たちが人間的に劣った人だとする考え方には反対です。人には個性があって、得意なことと不得意なことがある。ただそれだけのことだと思う。共感性が苦手でも、それだけで自分勝手で利己的な人間だと決めつける必要はないのに、多くの人はそう考えてしまう。

共感を通してほかの人たちのことを理解するのが苦手でも、自分でできるしかたで社会を理解できるようになれば、社会に対する不安が減るはずだよね。そして世の中にうまく適応することができると思う。そういうことを考えて、この本を書いています。

第5章　空気と社会——がんじがらめの日本社会

ぼくの話にここまでつきあってくれた読者のなかには、「えー、社会って、学校みたいなもんなんだー」って思った人もいるんじゃないだろうか？　そう思ってくれる人がいたらうれしいですね。そういうことを書きたかったから。

そう思ってくれた人にとっては、学校というのは、友達関係のアリ地獄みたいなものじゃないだろうか。抜け出そうと思っても抜け出せない。

いまの若者たちは学校で、まわりの友達から浮いたりすることがないようにと、友達との関係に気を配りながら、それでいてそんな気を配っているそぶりを見せないようにして生きている。そんな言い方をされるよね。

だけどそうしたことって、実は昔からそうだったんだよ。なにも今の若者たちだけの話じゃない。

それはあたりまえのことで、だって「社会」は昔からずっとあったんだから。だから、社会で生きていくってことは、学校で生きていくってことと同じなんだ。

◆日本には、世間はあるけど社会がない？

「社会」は昔からずっとあったって書いたけど、「日本には昔から世間はあったんだけど社会はなかった」ということを、阿部謹也《あべきんや》という偉い歴史学者が書いています。明治一〇年ごろに英語のsocietyの訳語として「社会」という言葉が作られる前には「社会」という言葉はなかったということです。それ以前の日本では、「社会」ではなく「世の中」とか「世間」という言葉を使っていた。

それじゃあ、「社会」のことを「世間」と呼んでも同じなのかというと、そうじゃない。この違いは、今の時代に「社会」という言葉で呼ばれているものを、「世間」とか「世の中」に置き換えてみると良く分かると思う。

「資本主義社会」を「資本主義の世の中」と呼んでも、そんなにおかしくない気がする。だけど、「社会主義社会」を「世間主義の世の中」とか「世の中主義の世の中」と呼ぶと、なんだかおかしな気がしますね。

「世間主義の世の中」とか「世の中主義の世の中」という言葉がおかしな気がする理由は、社会主義という言葉に含まれている、生産手段の共有とか、富の平等な分配という意味が、世間という言葉にはまったく含まれていないからだよね。つまり、「社会」には、人々の間で起こっているさまざまなできごとという意味での「世の中」だけじゃなくて、契約とか法律に基づいて作られているいろんな組織や制度も含まれているんだけど、「世間」という言葉にはそうした意味での「社会」的な組織や制度が含まれていないからなんだ。

江戸時代までは、こうした契約や法律に基づく公的な組織や制度があまり確立されていなかったから、そうした側面を含む「社会」という言葉が必要なかったんだよね。一番近かったのは「お上」という言葉だと思うけど、「お上」というのはふつうの人たちの暮らしにとって縁のない世界だったんだ。普通の人にとっては、「お上」にかかわり合うのはなるべく避けた方がいいことだったから。

「社会」と「世間」が違っているもう一つの点は、「社会」はしばしば「個人」と対立して、個人の行動を外から制約するものとして考えられているんだけど、「世間」という概念では、そうした個人と社会が対立するものとして考えられていない点です。

阿部謹也先生はもう少し極端な言い方をしていて、江戸時代には「個人」という言葉も、ほかの人たちから切り離されて独立した存在としての個人という考え方もなかったと書いている。だから「世間」という考え方の中には、個人と社会の対立という観点が含まれていないんだ、って。

個人が社会と対立するというのは、人が勝手な行動を取ろうとしてもほかの人たちがそんなことを許してくれない、だからどこまでが許されて、どこからは勝手な行動が許されないかをみんなで決めておいて、そうした決まりを守るか無視するかを個人が自分で決めるということだよね。だから「社会」がしっかりしていないと、それぞれの個人が勝手なことをはじめて、おさまりがつかなくなってしまう。そうなると、社会の秩序が成り立たなくなってしまう。

それじゃあ、個人と社会が対立していないはずの「世間」だったら、一人ひとりが勝手な行動をとるようになって、「世間がばらばらになる」ことはないんだろうか?

そんなことはないよね。江戸時代の世間がばらばらになっていたなんて話は聞いたことがないから。社会がなくても江戸時代の秩序が保たれていたのは、勝手な行動をとらないように世間が人々の考え方や行動を拘束していたからなんだよ。

契約や法律じゃなくて、「こんなことをしたら、まわりの人たちから何を言われるか分からない」とか、「まわりの人たちから相手にされなくなっちゃうだろう」という、まわりの人たちからの反応を予想して、みんながまわりの人たちから相手にされなくなるような行動をしないようにしていた。みんなが世間様から悪く思われないように行動することで、世の中の秩序が保たれていたってわけだ。

こうしたことを、この本の第2章では、人々の行動そのものがインセンティブを作り出している状態としての「社会」と呼ぶことにしたのを覚えてますか。人々は（まわりの人たちからの反応である）インセンティブに従って行動するので、そうしたインセンティブが存在しているかぎり、人々は予測可能な行動をとるようになるんだってこと。そうした行動をとらないと、自分の首を絞めることになってしまうから。

この本ではこうした状態を「社会」と呼んでいるので、そう考えると、江戸時代にも「社会」はあったことになる。こうした意味での社会が存在しない状態は、数百万年の人類の歴史を通して一度もなかったはずだと思う。

逆のいい方をすると、この本で「社会」と呼んでいるのは、近代化が始まって「社会」という言葉が作られるようになった前から使われていた「世間」と同じなんだよ。

世間というのは、人々がまわりの人たちからの反応を考えて、そうしたまわりの人たちから好ましい反応を得るのに都合のいいしかたで行動しあっている状態のことだよね。この本では、「社会」をそういうものとして考えることにしたよね。

こうした意味での「社会」は、まわりの人たちが自分のいろんな行動に対してどう反応するかという予想をひとまとめにしたもので、それが「世間」なんだ。だから「世間」とは、自分の行動に対するほかの人たちの反応の全体として考えることができるんだよ。たとえば「世間体」という言葉があるけど、世間体というのは、自分の行動に対してほかの人たちが下す評価や評判の集合のこと。世間体を保つように行動するというのは、ほかの人たちから悪く思われないように行動するということだよね。

世間体をうまく保つ生き方は、世間で暮らしていくための賢い生き方だよね。これを言い換えると、まわりの人たちの反応が生み出すインセンティブに従って行動するということなんだ。みんながそうした行動をすることで生まれる状態が、この本で「社会」と呼んでいる状態で、別のいい方をすると「世間」ということになる。

つまり、この本でぼくが言いたいことは、「社会」っていうのは基本的には「世間」と同じなんだよっていうこと。「世間」というとなんだかわけが分からなくなってしまうけど、実はインセンティブ構造なんだよ。だから、西欧には社会があるけど世間がないのかというと、そんなわけがない。どんな社会でも、その一番基礎にあるのは世間なんだ。その上に、契約に基づく社会がのっかっている。

言い換えると、日本には世間はあったけれど社会はなかったというのは、「社会」の基礎はあったけど、その上にのっかっている契約に基づく組織や制度がなかったってことなんだ。

世間では人々の行動が契約で縛られているわけではなくて、人々がまわりの人たちの反応を読み合った結果として一定の行動をとり合っている。だから、みんなが本当に望んでいることと、ほかの人たちはこう思っているだろうと思われていることが食い違ってしまう可能性があるんだよ。そのために、いろんなおかしな結果が生まれてしまう。

ほかの人の考えを誤解してしまうと、その誤解が本物になる「予言の自己実現」が起こりやすくなるから。

この章の最初で書いた学校の話も、こうした予言の自己実現の一つだと思う。気配りばかりで気疲れする人間関係なんて誰も望んでいないんだけど、ほかの人たちはそうしたがってると思うから、みんなそれに合わせて行動する結果、気配りしないといられない状態が生まれてしまう、ってね。

◆まわりに気をつかう日本人

世間の常識では、日本人は協調性を大切にし、和を尊ぶ集団主義的な文化で育っているから、いつもまわりの人たちの気持ちに気を使って暮らしている、ということになってるよね。それに比べてアメリカ人は個人主義的で、自分の利益ばかりを考えていると思われている。

こうした常識は本当なんだろうか？

この常識には、実は二つの理解のしかたがあるんだよ。

一つの理解は、日本人とアメリカ人が違うのは、日本人が好む生き方とアメリカ人が好む生き方が違っているんだという考え方。日本人は協調性を大事にして、まわりの人たちと和気あいあいと暮らすのが好きなんだ。それに比べると、アメリカ人はまわりの人たちのことはあまり気にかけないで、自分の個人的な目標や欲望に忠実に生きる生き方が好きなんだ、という理解のしかただよね。

こうした理解が、文化の違いについて世の中で広く受け入れられている考え方だと思う。

それに対して、こうした文化の違いは、基本的には予言の自己実現として生まれているという考え方もあるんだよ。

この考え方だと、日本人だって、まわりの人たちに受け入れられるかどうかをいつも気にしながら生きていくのはもうたくさんだと思っているかもしれないということになる。

みんな、まわりの人たちが自分を受け入れてくれているかどうかを気にしながら生きていくよりは、ほんとうは自分の理想や目標に忠実に生きたい、自分の考えをほかの人たちに対してちゃんと主張したいと思ってるんだけど、ほかの人たちはそうした生き方をするKYな人を毛嫌いするから、そんな人間だと思われないようにしないといけない。みんながそう思ってる。だから、ほかの人たちがそうした「個人主義者」を非難するようなことを言うと、自分もその仲間だと思われないように、自分も同じように「個人主義者」を非難する仲間に加わらないといけない。

方向は違うけど、「いじめ」の螺旋《らせん》の話と似てるよね。

ここで、日本人の「協調性」について調べた、面白い調査の結果を紹介しておきましょう。ぼくたちの研究グループが、札幌の市民を対象として実施した調査の結果です。

まず、調査に答えてくれた人たちに、自分自身がどれくらい協調的な生き方をしているか、どれくらい独立的な生き方をしているかをたずねました。

具体的には、協調的な生き方をしているかどうかを調べるためには、「私は、まわりの人たちが自分をどう思っているか、つい気になる」とか、「自分と仲間との間では、意見の不一致が生じないようにしている」といった質問が自分にどの程度あてはまるかを答えてもらいました。また、独立的な生き方をしているかどうかを調べるためには、

「人と話をするときには、直接的にずばりというほうが好きだ」とか、「自分の考えや行動が他人と違っても気にならない」といった質問が自分にどの程度あてはまるかを答えてもらいました。

その結果、この調査に答えてくれた人たちは、どちらかというと独立的な生き方よりも協調的な生き方をしていることが分かりました。常識通りの結果ですね。

次に、同じ質問に対して、理想の自分だったらどう答えると思うかを考えて、「理想の自分」の生き方を答えてもらったんです。もし日本人が協調的な生き方を好ましい生き方だと思っていて、そうした生き方を理想にしているという常識が正しいとしたら、「理想の自分」も同じように答えるはずですね。

ところが実際に、理想の自分であればどう答えるかをたずねてみると、現実の自分とは正反対になってしまうんですね。理想の自分は協調的な生き方ではなくて、独立的な生き方をすると答えているんです。つまり、自分は本当は自分で望んでいない生き方をしていると、この調査に答えてくれた人たちは思っているということです。

それじゃあ、理想と現実の食い違いはどうして生まれてしまうんだろう？

この疑問に対するヒントを得るために、ほかの人たちはこうした質問にどう答えると思うかをたずねてみました。その結果分かったのは、ほかの人たちは自分よりももっと協調的だと思っているということです。

こうした結果をすべて総合すると、この調査に協力してくれた人たちは、次のように考えていたんですね。

ほんとはまわりの人からどう思われるかを気にしないで、自分の意見をちゃんと主張し自分の思う通りに生きたいんだけど、ほかの人たちはその逆の生き方をしている。自分が理想としている生き方を、ほかの人たちは好んでいないみたいだ。だから、あまり素直に自分の理想通りにしたらみんなに嫌われてしまうだろう、と。

実際、独立的な生き方をしている人について書いた文章と、協調的な生き方をしている人について書いた文章を読んでもらって、「あなた自身はどちらの生き方をしている人をより高く評価しますか」とたずねてみると、多くの人は独立的な生き方をしている人のほうを高く評価するんですね。

そこで次に、ほかの人たちはどちらの生き方をより高く評価すると思いますかとたずねると、ほかの人たちは協調的な生き方をしている人の方を高く評価するだろうと答えるんです。つまり、実際にはみんな独立的な生き方をしている人の方を高く評価しているんだけど、ほかの人たちは別だと思ってるってこと。

こうした調査の結果からは、自分の理想である独立的な生き方をするとまわりの人たちから嫌われてしまうので、まわりの人たちから嫌われないように協調的に生きているという日本人の姿が見えてきます。

その結果、人々は自分の好みではなく、ほかの人が好むと思っている協調的な生き方をすることになる。そうすると、みんなほかの人たちが実際に協調的な生き方をしているのを見て、「やっぱりみんな協調的な生き方を好んでるんだな」という思いを、ますます強く感じるようになる。これはまさに、第2章でお話しした予言の自己実現ですね。

◆「空気」の支配

阿部謹也先生が「世間」という言葉で言おうとしていたのと同じようなことを、山本七平《しちへい》という人は、「空気」という言葉を使って書いています。KY（空気が読めない）というときの「空気」です。

山本七平さんが言っている「空気」というのは、要するに、この本で話してきた「社会」です。つまり、ほかの人たちからの反応を予想してとる行動が、その反応をとるインセンティブを作り出している状態のことです。

いま紹介した調査の結果からも分かるように、日本人は協調性があるとよく言われるけど、みんな必ずしも協調的な生き方が好きだというわけではないんですね。協調的に行動している場合でも、必ずしも進んで協調しているわけではない。

その典型的な例として、山本七平さんは『「空気」の研究』（文春文庫）という本の中で、戦艦大和の出撃をめぐる大本営での議論をとりあげています。

大和がアメリカ軍に攻撃されている沖縄に向けて出港したのは、第二次世界大戦の末期になって、日本のまわりの制空権を完全にアメリカ軍に奪われてしまった時期でした。そうした状況を正確に判断し、大和が沖縄に到達してなんらかの成果をえる可能性があるかどうかを考える人にとっては、大和が沖縄に到達する前に撃沈されてしまうだろうということは疑問の余地のない結論だった。

大和が属する第二艦隊司令長官の伊藤整一中将もその一人で、大和の出撃に最後まで反対していたけれど、ほかの高級軍人たちは精神論を振りかざすばかりで、論理的な結論に聞く耳を持たない。高級軍人たちが、大和は国民全員が特攻するための手本になるんだという精神論を振りかざしている中で冷静な判断を下しても、そうした判断は無視されるだけじゃなく、精神力が足りない証拠としてまわりの人たちから見下されてしまう。

こうした場面で偉い軍人たちが読んでいた「空気」というのは、みんなが友達の間で浮いてしまわないようにと思って読みあっている「空気」と同じ。「空気」というのは、こんなことを言うと馬鹿にされてしまうとか、ここではとてもこんなことは言えないという共通理解のことなんだ。

この共通理解の下では、誰も自分が非難されるようなこと、つまり冷静な判断は口にしない。誰もが冷静な判断を口にしないので、多くの人が個人的には冷静な判断を下していても、そうした判断を口にしようとしなくなる。そのため、そうした判断を口にする人間は見下されるだろうという理解に疑いが生じる余地がなくなってしまう。こうした状況を山本七平さんは「空気」という言葉で呼んでいたんだよ。

要するに、予想されるまわりの人たちからの反応に従って行動することで、そうした予想に従わざるをえない状態が生まれてしまうということを、山本七平さんは「空気」という言葉で表現していた。

まわりの人たちの反応を読んで行動するという点では、KYという言葉を使っている現代の日本の若者たちも、意味のない作戦を強行した大本営の高級軍人たちも同じ原理で行動してたんですね。

こうした高級軍人たちは、この本で「社会」と呼んでいる状態に直面していたわけなんだ。そうした「社会」は、そこにいる人たちにとっては、逆らうことができないけど目に見えない空気のように思えるよね。だけど、そうした状態そのものを作り出しているのは、自分たち自身の行動なんだよ。

◆世間がダメなら、社会で生きよう

話もそろそろ終わりです。ということで、ここで、これまでの話をまとめておくことにします。

社会というのは、人間たちが互いに勝手なことができないように、お互いにしばりつけあっている状態だということを話したよね。

だから社会では秩序が保たれている。だからほかの人たちと一緒に暮らしていても、自分が大変な目に会うことはないだろうと安心していられる。

だけど社会では、自分で好きなように行動できないから息苦しいよね。なんだか、自分がほかの人のいいなりになってしまって、自分の存在が奪われてしまうような気がする。

世間とか空気という言葉には、社会の中でもとりわけ、そうした個人の自由に対する拘束としての側面が際立っているんだと思う。そのため「その場の空気に逆らえなくて、結局、誰も成功するとは思っていない方向にその場の成り行きで流されてしまった」ということが起こったりする。誰もそんなことがいいとは思っていないことでも、誰も表立って反対しないと、ほかの人の様子を見守っている人たちが反対しようとしなくなってしまうからね。裸の王様の話と同じです。

ときどき集団リンチが殺人にまでエスカレートしてしまうってニュースがあるけど、そんな場合にも、みんな「そろそろやめた方がいいんじゃないかな」って思っていても、誰も「もうやめようよ」と言いだせないからエスカレートしてしまう。誰も自分が思っていることを口にしない。だからみんな、ほかの人たちはまだ大丈夫だと思っているんだろうって考えて、みんながそう思っているんならまだ大丈夫に違いないと思い込んでしまう。そして気がついたら人が死んでいたということになるんだよ。

こうした集団リンチ殺人にみられるような「社会によるしばり」は、実は自分たちが、自分たちの望んでいないかたちで自分たち自身の考え方や行動をしばってしまっているってことなんだよ。そうした「社会」では、自分たち自身がまわりにあわせてとる行動が、結局は自分自身の考え方や行動や生き方をしばりつけることになっているんだ。

社会のこうした面がたまらなく嫌だというのは、実は現代の若者たちだけが思っているんじゃなくて、近代を作った西欧の人たちが考えていたことでもあるんだよ。

世間のしがらみのままに生きなくちゃならない世の中は、とても我慢できない。そんな世間によるしばりを少しでも減らしたいと思った人たちが、フランス革命やらアメリカの独立革命やらを通して、「世間」の上に「社会」を作ってきたのが近代の歴史だと考えることができる。「そんなの馬鹿らしいから、もうやめにしようよ」って考えたんだよね。そのために、「世間」の上に「社会」を作ることにした。

「世間」の上に「社会」をつくるということは、「ここまでは何をしても誰も文句を言っちゃいけない」、だけど「ここからはみんなで合意した通りにしないといけない」というやりかたで、「世間」の役割の一部を「社会」に移すことだったんだ。そうすれば、自分のやることがすべてほかの人たちからの反応によってしばられなくてもすむようにできる。そうやって個人の自由を確保しようとしたんだよ、西欧の近代を作った人たちは。

「世間」だけしかない社会では、人々が生活のすべての面で自分たち自身をしばりつけ合っているから、そこから逃れることができない。もしそこから逃げ出そうとすると、自分の生活をすべてほかの人たちから切り離してしまわないといけない。完全にひきこもってしまわないといけない。だから昔の人の中には、世間で暮らすのがいやになって、人里離れた小屋にひきこもってしまう人もいたんだよ。ほかの人たちもそうした人たちをうらやましく思ったりしていた。

そうした世間だけの社会はあまりに息苦しいから、近代に入って、もう少し個人が自由に暮らせるようにしようということで、「ここまでは自分で自由に何をしてもいいよ。だけどここからは決めた通りにしようね」というかたちでの契約に基づく「社会」を作ることにした。

そうした「社会」では、ちゃんと決まりとか法律を守っていさえすればいいんだから、ほかの人が自分のことをどう思うだろうかをいつもいつも考えている必要はない。だから、ほかの人たちが自分のことをどう思うか分からないとか、どうしたらみんなとうまくやっていけるか分からないからといって、「社会」を怖がる必要はなくなるんだよ。

まわりの人からどう思われるかとか、どうしたらまわりの人と打ち解けてうまくやっていけるかが分からないと、「世間」での暮らしはとても大変なことになってしまう。だからそうした人にとっては世間はとても怖いものになるし、たいへんな思いをすることにもなる。だけど、世間の上にある「社会」に入ってしまえば、そんなに世間を気にする必要がないから、社会を怖がることもなくなるはずなんだ。だからこそ、世間が複雑になったのに「社会」がしっかりしてないと困ったことになる。

人間は数百万年にわたって、「世間」としての社会に暮らしてきた。だから、そういう社会でうまくやっていけるように、ほかの人たちからどう思われるかということをひどく気にする性質を身につけてきたんだよ。「いじめ」にあって、まわりの子どもたちから無視されるのがとても辛いのも、そうした性質をぼくたちが受け継いでいるからなんだ。

家族を中心とした狭い社会で暮らしている間は、ほかの人たちの反応をいつも気にしている必要はないよね。誰が何を考えているかわかってしまっているから。だけど現代の暮らしでは、気心のわからない人たちの間でも、まわりの人たちからどう思われるかを気にして生きていかないといけなくなってしまった。つまり、まわりの人たちの反応を気にしないといけない場所である世間が広くなったんだ。だから、そうした世間から社会に抜け出せないと、世間でうまくやっていくのがとても難しくなったんだよ。

若い人たちの中にも、世間でうまくやれる人たちもいる。だけど、ほかの人たちの反応が気にはなるんだけど、ほかの人たちの気持ちがうまく理解できない人たちもいる。

そうした人たちにとっては、今の世の中はとても生きづらい世の中だと思います。

苦手なことを克服するにはどうしたらいいんだろう？　ふつうは努力をしなさいって言うよね。だけど、努力して何とかなることもあるけど、どうしようもないこともある。生まれつき身体の小さな人に、努力して体を大きくしなさいと言っても、そりゃあ無理な注文です。

第4章で少しだけ書いた男性的な脳と女性的な脳の違いもそれと同じで、脳の構造が違っているために共感能力をうまく使うことができない人に、もっと共感するようにしなさいと言っても、無理な注文なんだと思う。

そういうときにはどうしたらいいのか。不得意なことをいつまでも何とかしようとして失敗し続けると、そのうちに何とかしようという気持ちもなくなってしまうよね。だから、あきらめて、自分の世界にひきこもってしまう。

だけど、不得意なことはあきらめても、得意なことを伸ばすようにするって手もあると思うんだ。世間で生きるのが苦手で、まわりの人たちの気持ちにうまく自動的に反応することができないなら、そんなことはあきらめて理論を使えばいい。社会をちゃんと理論的に理解して、そこで働いている原理を使って、「社会」で自分がどうしたらいいのかを考えるって手です。

最近になってひきこもりが増えてきたのは、空気を読みながら生きていかないといけない世間の範囲が広くなりすぎたために、まわりの空気を読みながら生きていくのが得意じゃない人たちにとって、今の世の中がますます生きづらくなってきたからだと思う。だから、そうした人たちにとって生きやすい世の中にしていくためには、広がりすぎた世間の一部を、空気じゃなくて法律や契約といったかたちに置き換えた社会に変えていく必要がある。このことをぼくは「安心社会」から「信頼社会」への変化として理解してきたので、もしこうした変化に興味のある人は、ぼくの『安心社会から信頼社会へ』(中公新書)という本も読んでください。

世間をうまく生きられないなら、社会で生きるようにすればいい。

この本は、そうした人たちが社会について考えるための一つのきっかけになってくれればいいなと思っています。

あとがき

この本を読んでくださった読者のみなさん、ありがとう。

この本でぼくは、社会は「しがらみ」だということについて書きました。社会は私たち自身が作り出している「しがらみ」なのだということについて説明しました。そうした「しがらみ」は、多くの場合、私たちが実は望んでいない行動を取るように私たちをしむけます。いじめを止めさせたいと思いながら、いじめを傍観してしまう子どもたちのように。あるいは、猛獣に食べられやすい派手なハネを捨てられない雄《おす》クジャクのように。

私たちが誰も望んでいない行動を取るのは、社会の中で私たちが、自分で自分の自由をしばりつけているからです。それが世間としての社会の本質です。私たちをしばりつけているのは、フセインやカダフィといった独裁者だけではありません。私たち自身が、誰も望まないまま、自分たち自身をしばりつけているのです。そしてそのため、ほんとうは誰も望んでいない結果を生み出してしまいます。

「そんなの馬鹿らしいじゃないか」って思うでしょ？　自分で自分の自由をしばりつけるなんて。そしてその結果、誰も望んでいない結果を生み出してしまうなんて。だけど、ほうっておくとそうなってしまう。とくに今の日本の社会には、そうした馬鹿らしいしばりがあまりにもたくさんありすぎるように思えます。だから、日本人が元気を失ってしまっているのではないでしょうか。

そうしたしばりから多少なりとも自由になることができれば、日本の社会にもっと活気が出てくるのではないでしょうか。そしてそのためには、社会によるしばり、あるいは「しがらみ」や「空気」によるしばりがなぜ生まれてくるのかを理解しておかないといけない。

そういったことを、若い人たちだけではなく、大人の人たちにも考えてもらいたくて、この本を書きました。だから、いろんな人がこの本を読んでくれると嬉しいです。

この本の企画を筑摩書房の伊藤笑子さんと一緒に考え始めてから、もう五年が経ってしまいました。伊藤さんと、途中から担当を引き継いでいただいた金子千里さんには、この本がかたちになるまでさまざまな面でお世話になりました。とくに金子さんには、著者のわがままを辛抱強く受け入れていただいただけではなく、本作りの専門家の立場から、また読者の立場から、とても役に立つアドバイスをいただいています。ありがとうございました。

著者

ちくまプリマー新書 169

「しがらみ」を科学《かがく》する　高校生《こうこうせい》からの社会心理学入門《しゃかいしんりがくにゅうもん》

二〇一一年十一月十日　初版第一刷発行
二〇二三年一月二十日　初版第九刷発行

著者　山岸俊男（やまぎし・としお）
装幀　クラフト・エヴィング商會
発行者　喜入冬子
発行所　株式会社筑摩書房
東京都台東区蔵前二－五－三　〒一一一－八七五五
電話番号　〇三－五六八七－二六〇一（代表）
印刷・製本　株式会社精興社

ISBN978-4-480-68871-2 C0211　Printed in Japan